マンガで楽しく！

小学社会の

なぜ？ が **1冊**で
しっかり
わかる本

中部大学教授
深谷圭助

かんき出版

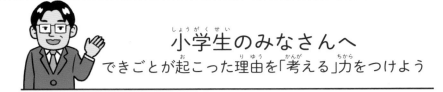

小学生のみなさんへ
できごとが起こった理由を「考える」力をつけよう

「スーパーのレジ袋が有料になったのはどうして？」
「江戸時代はどうして260年も続いたの？」
「さんまの値段が高くなったのはなぜ？」
「オリンピックって何のために開かれるの？」

みなさんは、身のまわりのこんな疑問について、考えたことはありますか？

わたしたちが生きる社会では、毎日、たくさんのできごとが起きています。それらが起こる理由は、決して一つだけではありません。それまでの歴史や、その土地の気候、産業や経済など、さまざまなことが複雑に合わさって、できごとを形づくっています。

この本では、『小学社会のなぜ？ が1冊でしっかりわかる本』というタイトルのとおり、**小学校で習う社会科の「なぜ？」の選りすぐりを集め、その理由と関連情報について、くわしく解説しました。**

社会科は、ただ内容を暗記するだけでは力がつきません。「どうしてこうなったの？」と、自分なりに考えながら本を読み進めていくことで、世の中がどのような「しくみ」で動いているのかがわかるようになります。これは、**みなさんが未来の世の中の動きを予測するときにも、きっと役に立ちます。**

たくさんの「なぜ？」を楽しみながら考え、いろいろな「なぜなら」を想像してみてくださいね。

おうちの方へ
親子で一緒に「なぜ？」と向き合う学習を

本書を手にとっていただき、ありがとうございます。

私は、小学校、中学校（社会科）の教員、立命館小学校の校長を経て、現在は中部大学で教育学や社会科教育学を教えています。2021年には、累計2700万部のシリーズ『中学 自由自在 社会』（増進堂・受験研究社）の監修も務めました。また近年では、小・中学校の社会科教科書に登場する「なぜ」という言葉について、頻出度合いや使われる文脈について研究しています。そうして、これまでの社会科の学習が「名詞」の暗記に偏りがちだったことに注目し、「副詞」の「なぜ」がいかに重要であるかを訴えてきました。

今、子どもたちには、①知識・技能 ②思考力・判断力・表現力 ③学びに向かう力・人間性の育成 の3つが求められています。社会科でも、用語を暗記するだけではなく、社会的事象がどのような「理由」で起こっているかを調べ、考え、説明する力が必要になります。

社会科は「暗記」が大切だとよくいわれます。しかし本当に重要なのは、「なぜ」そうなったのかを問うことです。そのように学べば、人の言葉を鵜呑みにせず、問いをもって疑い、確かめる力を身につけることができます。

この本では、身のまわりのできごとの中で、子どもたちが気にしたことがないようなポイントについてまで、あえて「なぜ？」と問いかけています。ネット社会が進行し、安易に「結論らしきもの」を手にできる世の中だからこそ、自分の目で確かめ、自分の頭で考えることが更に求められる時代になるはずです。

保護者のみなさまも、「なぜ？」にどう答えたらよいのかを、子どもたちと一緒に考えながら、本書を読み進めていただければ幸いです。

中部大学　現代教育学部　教授　深谷圭助

『小学社会のなぜ？が1冊でしっかり

その1 暗記では身につかない本質的な理解力がつく！

　みなさんのなかには、将来、高校入試や大学入試を受ける人も多いと思います（もしかすると、中学受験をするという人もいるかもしれません）。実は最近の入試では、「覚えた知識をそのまま答える」問題ではなく、**「なぜそうなったか＝原因や理由」**を答えさせる問題が増えつつあります。

　社会は小学校で学んだ内容を中学校でよりくわしく、中学校で学んだ内容を高校でよりくわしく……と、積み重ねながら学んでいく教科です。**用語の丸暗記ではなく、どうしてそのできごとが起こったか、小学生のうちから考える習慣をつけることが大切です。**

その2 「なぜ？」を切り口にしたクイズで深く学べる！

　この本では、社会で学ぶ内容について、「コンビニで家庭からのごみの持ちこみを禁止しているのはなぜ？」「日本では、なぜ桜の花がさくとニュースになるの？」「どうして金閣は、あんなに豪華絢爛な見た目なの？」といった素朴な疑問を切り口にした問題を集めました。

　社会で学ぶ大事なことについて、クイズ形式で楽しく考えながら、物事をいろいろな面でとらえる視点や理解力を身につけることができます。

わかる本』の５つの強み

その3 重要事項がギュッとひとまとめに！

楽しみながら社会を学んでもらいたいものの、ある程度は暗記が必要なのも本当のところ。そこで、「問題」「答え」だけでなく、関連する重要事項も解説と一緒にまとめました。

また、中学入試レベルの内容にも触れているので、中学入試を受ける人にはその役に立ちますし、中学入試を受けない人にとっては中学校の授業の先取りになるでしょう。

その4 クスっと笑えるマンガが導入だから、楽しく読める！

すべての問題ページに、クスっと笑えるマンガを載せました。架空の世界の物語もまじえた、お勉強感のないマンガにしているので、勉強が苦手な人は、この本を読むきっかけにしてみてください。気になるところからパラパラと読みつつ、クイズに答えていきましょう。

その5 用語集としても使える「意味つき索引」つき！

巻末には、本の中で登場する重要用語とその意味を「意味つき索引」としてまとめています。

読んでいて用語の意味が気になったときはもちろん、宿題を解いているときや、日常生活のなかで「あれ？」と思ったときには、「意味つき索引」を使って調べてみてください。

本書の使い方

① どの分野の何問めの問題かを表しています。
この内容をおもに習う学年（一部中学入試レベル含む）もわかります

② 生活や社会にかかわる素朴な疑問を切り口にした問題です。ヒントも参考にしながら、自力で答えられるか考えてみましょう

6

答えページ

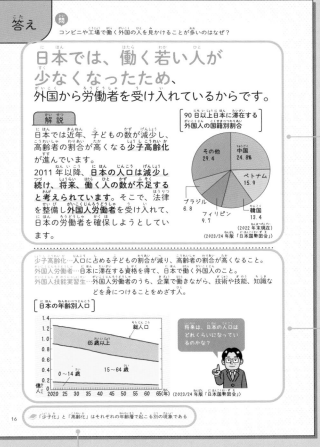

答え

問 コンビニや工場で働く外国の人を見かけることが多いのはなぜ？

日本では、働く若い人が少なくなったため、外国から労働者を受け入れているからです。

解説

日本では近年、子どもの数が減少し、高齢者の割合が高くなる少子高齢化が進んでいます。2011年以降、日本の人口は減少し続け、将来、働く人の数が不足すると考えられています。そこで、法律を整備し外国人労働者を受け入れて、日本の労働者を確保しようとしています。

[90日以上日本に滞在する外国人の国籍別割合]

- 中国 24.8%
- ベトナム 15.9
- 韓国 13.4
- フィリピン 9.7
- ブラジル 6.8
- その他 29.4

（2022年末現在）
「日本国勢図会」

③
前のページの問題の「答え」と「解説」です

少子高齢化…人口に占める子どもの割合が減り、高齢者の割合が高くなること。
外国人労働者…日本に滞在する資格を得て、日本で働く外国人のこと。
外国人技能実習生…外国人労働者のうち、企業で働きながら、技術や技能、知識などを身につけることをめざす人。

[日本の年齢別人口]

総人口
65歳以上
0～14歳
15～64歳

（億人）
1.4 1.2 1.0 0.8 0.6 0.4 0.2
2020 25 30 35 40 45 50 55 60 65（年）（2023/24年版「日本国勢図会」）

将来は、日本の人口はどれくらいになっているのかな？

④
解説に関連した重要事項です。
「答え」とあわせて確認すると、理解度が高まります

16 「少子化」と「高齢化」はそれぞれの年齢層で起こる別の現象である

⑤
プラスアルファの知識やポイントです

もくじ

くらし

歴史

国際・政治

装丁 ● 藤塚尚子（etokumi）

本文デザイン ● 二ノ宮匡

DTP ● 茂呂田剛、畑山栄美子（エムアンドケイ）

イラスト（カバー、問題ページ）● 松本麻希、シライカズアキ、松尾達

図版・イラスト（答えページ）● 佐藤百合子

写真 ● 朝日新聞社、Cynet Photo、国立国会図書館、photoAC

編集協力 ● マイプラン

注記 本書の記述範囲を超えるご質問（解法の個別指導依頼など）につきましては、お答えしかねます。
あらかじめご了承ください。

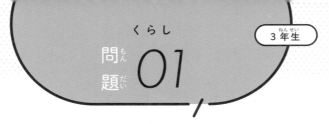

スーパーやコンビニで、必要なものがいつもそろえられているのはどうして？

ヒント　レジでピッと読み取る、あれを思い出そう。

1　今日はステーキが食べたい気分…

2　こ、これは！

昨日テレビで見たまぼろしの和牛！

3　こんなにすぐ、気になってたものが買えるなんて…！

すごい

4　あの人、私のほしいものが見えているのかも…？？

スッ…

「いつ、だれが、何を買っているか」と

いうデータをもとに商品が

そろえられているからです。

解説 <small>かいせつ</small>

スーパーマーケットなどのレジでは、バーコードを読み取ることで、いつ、何が、いくらで、どれだけ売れたのかといったデータが POS システム（販売時点情報管理）に集められます。商品の仕入れは、そのデータをもとに行われています。

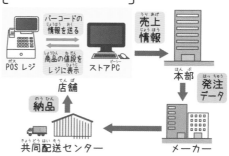

[POS システムのしくみ]

バーコードの情報を送る
商品の値段をレジに表示
POS レジ
ストア PC
店舗
売上情報
本部
発注データ
納品
共同配送センター
メーカー

さらに、どんな人が買ったかという情報を店員が入力することで、買う人の購買行動を調査することもできます。

POSシステム…point-of-sale システム（販売時点情報管理）。商品の在庫を管理し、売り上げを記録するシステム。
購買行動…消費者が、商品やサービスを購入する過程でとる行動。
商品管理…店などで商品がちょうど売れるように、仕入れや販売の商品の数量などを管理すること。

どんな商品が売れているのか、レジで登録するようになっているんだね！

データを分析して商品が効率的にたくさん売れるように企業が活動することを、マーケティングという

問題 02

コンビニや工場で働く外国の人を見かけることが多いのはなぜ？

ヒント　日本では、若者世代の人口が減っています。

答え

日本では、働く若い人が少なくなったため、
外国から労働者を受け入れているからです。

解説

日本では近年、子どもの数が減少し、高齢者の割合が高くなる**少子高齢化**が進んでいます。

2011年以降、**日本の人口は減少し続け、将来、働く人の数が不足する**と考えられています。そこで、法律を整備し**外国人労働者**を受け入れて、日本の労働者を確保しようとしています。

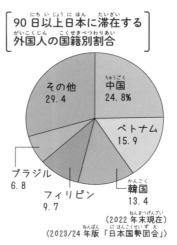

90日以上日本に滞在する外国人の国籍別割合

- 中国 24.8%
- ベトナム 15.9
- 韓国 13.4
- フィリピン 9.7
- ブラジル 6.8
- その他 29.4

（2022年末現在）
〈2023/24年版「日本国勢図会」〉

少子高齢化…人口に占める子どもの割合が減り、高齢者の割合が高くなること。

外国人労働者…日本に滞在する資格を得て、日本で働く外国人のこと。

外国人技能実習生…外国人労働者のうち、企業で働きながら、技術や技能、知識などを身につけることをめざす人。

[**日本の年齢別人口**]

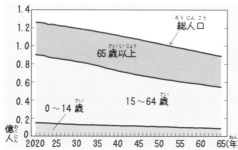

総人口
65歳以上
15〜64歳
0〜14歳
億人

2020 25 30 35 40 45 50 55 60 65(年)
〈2023/24年版「日本国勢図会」〉

将来は、日本の人口はどれくらいになっているのかな？

「消防署」と「消防団」は、何がちがうの？

ヒント　名前は似ているけれど、災害への関わり方がちがうよ。

問 とい
「消防署」と「消防団」は何がちがうの？

消防署では正規の地方公務員、消防団では非常勤の地方公務員が活動をしています。

解説 かいせつ

消防署員は、いつも消防署にいて、消防の仕事をしています。日ごろから訓練や設備の点検を行い、火災などが発生したときは、消火活動や救助活動を行います。

いっぽう消防団員は、ふだんはほかの仕事をしていて、火災などが発生したときに消火活動のほか、住民の安否確認や避難誘導、火災後の見張りなどを行い、地域を守るために活動しています。

消防士の1日の仕事の例

8:30	前日に勤務した人と交代
9:30	設備や道具の点検
13:00	消火や救助の訓練
15:30	小学校で防火指導
19:30	パトロール活動
22:00	交代で仮眠をとる

翌日 よくじつ

6:00	起きてそうじをする
8:30	次に勤務する人と交代

消防署…消防を専門とする機関。消防士が働いており、火災などが発生したときには、消防車や救急車が出動する。

消防団…自分の暮らす地域を守るために、消防署に協力している人々。

消防車…消防自動車。消火用のポンプやはしごなどが備えられている。はしご車やポンプ車、化学車など、さまざまな種類の消防車がある。

消防車のはしご車

消防署と消防団が協力して地域を守っている

世界初の
コンビニは
どの国で生まれたの？

ヒント 朝7時から夜11時まで営業したあの店が生まれた国だよ。

問
世界初のコンビニはどの国で生まれたの？

アメリカで誕生しました。

解説

世界初のコンビニの名前は、「サウスランド社」です。国土の広いアメリカで、手軽に新鮮な商品を手に入れることができました。朝7時から夜11時まで営業していたことから、「セブン-イレブン」と名前を変えました。

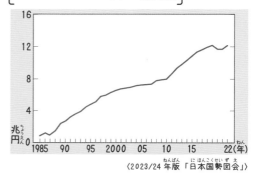

[コンビニエンスストアの販売額]

〈2023/24年版「日本国勢図会」〉

日本では、1974年に「セブン-イレブン」が東京都にオープンし、日本のコンビニが成長していきました。現在、コンビニの多くは、企業と**フランチャイズ**契約を結んでいます。

....

コンビニ…コンビニエンスストアのこと。長時間営業で食料品や日用品を販売する小型の商店。

フランチャイズチェーン…企業が加盟店に対して店の名前や看板などの使用を許可し、そのブランドやサービスを利用した販売権をあたえる。加盟店は、そのかわりに対価を支払う。

プライベートブランド…スーパーマーケットやコンビニなどが独自に企画して販売するブランドのこと。メーカー製品よりも安くなることが多い。

家の近くには、いくつコンビニがあるかな？

フランチャイズチェーンをFC、プライベートブランドをPBと略して表すこともある

問題 **05** くらし

コンビニで家庭からのごみの持ちこみを禁止しているのはなぜ？

ヒント 「ごみ箱があふれちゃうから」以外の答えだよ。

コンビニのごみを処理する費用は、市町村ではなく、会社が負担しているからです。

解説 かいせつ

家庭から出されるごみは、それぞれの市町村で暮らす人々が支払う**税金**で処理をしています。しかし、**コンビニなどの商店や企業から出るごみは、事業系ごみとして、その商店や企業がお金を出して処理しています。**

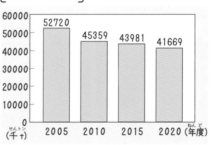

[ごみの排出量]

	52720	45359	43981	41669
60000				

（千ｔ）　2005　2010　2015　2020（年度）
セントン

〈2023/24年版「日本国勢図会」〉

ごみ…ごみは、家庭ごみと事業ごみに分かれる。家庭ごみは、住民税などをもとに、市町村によって処理される。事業系ごみは、ごみを出した企業が責任をもって処理する義務がある。

税金…国や地方公共団体に納めるお金。住んでいる市町村に支払う住民税や、物やサービスを購入したときに支払う消費税、収入を得たときに支払う所得税など、さまざまな種類がある。国や地方公共団体の施設管理やサービスは、税金でまかなわれている。

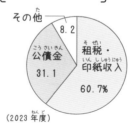

[国の収入に占める税金の割合]

その他　8.2
公債金 31.1
租税・印紙収入 60.7%

（2023年度）
〈2023/24年版「日本国勢図会」〉

税金は、ごみ処理などの地域のサービスのために使われているんだね。

ごみの分別についてくわしくは、36ページを参照

水道料金は市町村によってちがうの？

ヒント　水がどこからきているかを考えてみよう。

答え

問

水道料金は市町村によってちがうの?

住んでいる
市町村によってちがいます。

解説

水道料金は、水源からの遠さや水質、水道が設置された時期などによって決められるため、住んでいる市町村ごとに料金が異なります。都道府県別に比べてみると、もっとも安い大阪府は1月あたり1878円ですが、もっとも高い長崎県は4515円で、2600円以上の差があります（2022年）。

[家庭で使用する水の内訳]

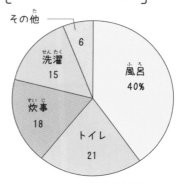

〈東京都水道局資料〉

水道料金…水道の基本料金は、水源からの遠さや水質、水道が設置された時期などをもとに、市町村ごとに決められている。家庭では、基本料金と、使用量に応じた料金や下水道使用料をあわせて支払う。

公共料金…水道や電気、ガスなどの料金。多くの人が使う生活に欠かせないサービスの料金には、国や地方公共団体によって決められているものがある。

水は限られた資源だから、大切に使おう！

24　　国や地方自治体が行う公共の事業を民間の企業などに任せることを、民営化という

日本初の上水道はいつつくられたの？

ヒント 東京（江戸）の発展と関係があるよ。

日本初の上水道はいつつくられたの？

日本最古の水道は、
1590年につくられたとされています。

解説

日本最古の水道は、「小石川上水」だとされています。**小石川上水は、1590年につくられ、神田川から江戸城下まで水を引いていました。**

その後、江戸には、神田上水や玉川上水がつくられ、17世紀なかごろには150kmもの長さとなりました。これは、地下にめぐらされた**上水道**としては、世界最大の規模です。

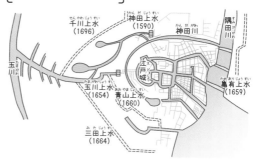

[江戸城周辺の上水道]

千川上水
(1696)

神田上水
(1590)

隅田川

神田川

玉川上水
(1654)

青山上水
(1660)

江戸城

玉川

亀有上水
(1659)

三田上水
(1664)

・・

上水道…川などから取り入れ、浄水場できれいにした水を、家庭や学校、工場などへ運ぶ役割をもつ。

下水道…使われてよごれた水をきれいにするために下水処理場へ運ぶ役割をもつ。

浄水場…川などから取り入れた水を、安全できれいな水にするための施設。

[浄水場のしくみ]

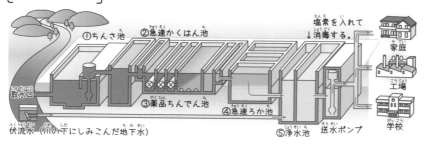

①ちんさ池
②急速かくはん池
塩素を入れて↓消毒する。
家庭
工場
学校
取水口
③薬品ちんでん池
④急速ろか池
⑤浄水池
送水ポンプ
伏流水 (川の下にしみこんだ地下水)

日本最古の水道がどこのものかについては、諸説ある

くらし
問題08

「警視庁」と「警察庁」は、何がちがうの?

ヒント それぞれが「どこを担当しているか」が関係するよ。

答え

問 「警視庁」と「警察庁」は、何がちがうの？

警視庁は東京都の警察署、警察庁は全国の警察を管理している機関です。

解説

警視庁は、**東京都内の警察署を束ねる本部**で、東京都公安委員会が管理しています。警視庁の長は、警視総監です。

いっぽう、警察庁は、日本の行政機関の一つで、**全国の都道府県の警察本部を束ねています**。国家公安委員会が、警察庁を管理しています。都道府県ごとに都道府県公安委員会が置かれ、各警察を管理しています。

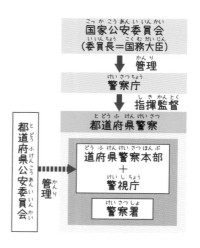

国家公安委員会
（委員長＝国務大臣）
↓ 管理
警察庁
↓ 指揮監督
都道府県警察

都道府県公安委員会 →管理→ 道府県警察本部 ＋ 警視庁 → 警察署

警察署…犯罪の予防や捜査、逮捕を行ったり、地域の安全を守るためにパトロールや交通の取りしまりを行ったりする組織。町の要所には、交番が置かれている。

交番…警察官が常駐するところの一つ。警察官が24時間体制で勤務して、パトロールや道案内、落とし物の届けといった、住民の困りごとの相談などを行っている。

警察官は、パトロールしながら、どこを見回っているのかな？

📖 警察官になる条件は、国家公務員試験か、各都道府県の警察官採用試験に合格することである

警察署の鑑識課って、どんな仕事をしているの？

ヒント 事件や事故の原因を調べるときにかかせない仕事だよ。

警察署の鑑識課って、どんな仕事をしているの？

事件や事故の現場で起きたことを明らかにする仕事です。

解説

警察署には、鑑識課という部署があります。鑑識は、事件の現場に残された指紋や血のあと、足あと、筆跡といった**犯人につながりそうな資料を回収し、科学的に分析する**ことで、事件現場でどのようなことが起きていたのかを明らかにします。

また、交通鑑識では、事故現場に残された車の塗装のかけらなどを手がかりに事故車の特定をします。

[鑑識課のおもな係]

● 現場…事件現場で手がかりを集める
● 指紋…集めた指紋を鑑定する
● 足痕跡…残された足あとから靴を特定する
● 写真…現場で写真を撮影したり、防犯カメラの映像を分析したりする

科学捜査…化学、医学、物理学などの科学的知識を生かして、犯罪の現場に残されたものや犯人が使用したものなどを分析することによって、科学的に捜査すること。鑑識が科学捜査によって明らかにしたことは、犯人の割り出しや犯罪の証明に使用される。警察庁には科学警察研究所、各都道府県の警察本部には科学捜査研究所が置かれている。

警察では、さまざまな知識を生かした仕事が行われているんだね。

においをもとに犯人を追う警察犬も、鑑識課に所属している

ニュータウンとよばれる都市周辺につくられた住宅地は、なぜできたの？

ヒント 高度経済成長期に、何が必要になったかな？

高度経済成長期に、
都市で働く人が増えたからです。

解説

1950年代、**高度経済成長期**になると、都市の工場やオフィスで働くサラリーマンが増加し、**都市の住宅が不足するようになりました。** そこで、都市のまわりの山やなだらかな丘を切り開き、大規模な集合住宅を建て、**ニュータウン**をつくりました。

近年では、高齢化が進み、住宅が老朽化したことで、ニュータウンをどのように再生していくのかが大きな問題になっています。

千里ニュータウンの
年齢別人口割合

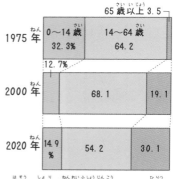

	0〜14歳	14〜64歳	65歳以上
1975年	32.3%	64.2	3.5
2000年	12.7%	68.1	19.1
2020年	14.9%	54.2	30.1

※端数の処理や年齢不詳人口により、比率の合計が100％にならないことがあります。
〈吹田市資料〉

ニュータウン…大都市の過密化を解消するために、大都市の周辺に、計画的に建設された都市。多摩ニュータウン（東京都）や千里ニュータウン（大阪府）などがある。近年、高齢化や住宅の老朽化などが問題となっている。

高度経済成長…1950年代中ごろから1973年までの、日本経済が大きく成長した時期。1968年には日本の国民総生産が資本主義国のなかで世界第2位になったが、1973年に起こった石油危機（オイルショック）をきっかけとして高度経済成長は終わった。

大きな集合住宅がたくさんつくられたんだね。

「ライフライン」には どんなものが あるの？

ヒント　それがなければ生きていけないくらい大切なものって？

「ライフライン」にはどんなものがあるの？

水道、電気、ガス、電話や インターネット回線などです。

解説

ライフラインとは、都市での日常生活を営むための最低限必要な設備で、生活に必要不可欠なものを供給する施設のことです。

たとえば、水道や電気、ガス、電話、輸送、インターネットの接続環境があげられます。地震など大きな自然災害が起きた際には、これらのライフラインの確保が重要です。

ライフライン…インフラ設備のうち、水道や電気、ガス、電話、輸送、インターネットなどを供給するための施設。ライフラインが止まると、日常生活に支障が出る。

インフラ設備…道路や港、トンネル、線路、上下水道、学校、公園など、わたしたちの生活や経済を支える土台となるもの。

自然災害…地震や津波、火山噴火、台風、洪水など、異常な自然現象によって生じる災害。日ごろから防災対策をして、自然災害に備えておくことが大切である。

自然災害はいつ起こるかわからないから、しっかり対策しておこう！

もし電気が止まったら？ 水が止まったら？ を想定して災害に備えることが大切

ごみは、最大で何種類に分別できるの？

ヒント 家庭ごみの回収場所を思い出してみよう。

問 ごみは、最大で何種類に分別できるの？

日本国内では、ごみを最大45種類に分別しています。

解説

「混ぜればごみ、分ければ資源」という言葉があるように、ごみを細かく**分別**すれば、**リサイクル**率が上がります。分別が不十分な場合、資源がよごれたり、資源を取り出すのに手間がかかったりしてしまいます。**日本でもっとも分別が細かいのは徳島県上勝町で、45種類に分別されています（2021年）。**リサイクル率は約81％で、全国平均の20％と比べて、とても高いことがわかります。

[おもなごみの種類]

燃やせるごみ	生ごみ、枯れ葉、ぬいぐるみなど
燃やせないごみ	アルミホイル、電球、食器類など
資源物	古紙、段ボール、衣類、びん、缶、ペットボトルなど
粗大ごみ	大型の家具、自転車など

リサイクル…ごみを資源にもどし、再び使えるようにすること。たとえば、牛乳パックから紙が、ペットボトルから服がつくられる。

資源物(資源ごみ)…リサイクルすることが可能なもの。びん、缶、ペットボトルや古紙、古着など。

分別…ごみを種類ごとに分けること。ごみの分別の方法やごみ出し日などは、市町村によって異なる。おもに、燃やせるごみや燃やせないごみ、資源物、粗大ごみなどに分別される。

どんなものがリサイクルされているのか調べてみよう！

限りある資源を効率的に利用し、リサイクルなどで循環させる社会を循環型社会という

名古屋城や大阪城はどんな場所に建てられたの？

ヒント 「敵から攻められにくい」以外の理由を考えてみよう。

問^{とい}
名古屋城^{なごやじょう}や大阪城^{おおさかじょう}はどんな場所^{ばしょ}に建^たてられたの？

自然災害^{しぜんさいがい}の対策^{たいさく}のため、地盤^{じばん}が強固^{きょうこ}な台地^{だいち}に建^たてられました。

解説^{かいせつ}

日本^{にほん}は、地震^{じしん}などの自然災害^{しぜんさいがい}が多^{おお}く発生^{はっせい}している国^{くに}です。そのため、自然災害^{ぜんさいがい}に備^{そな}えた安全^{あんぜん}なまちづくりは、古^{ふる}くから行^{おこな}われてきました。

固^{かた}い地盤^{じばん}の上^{うえ}に城^{しろ}を建^たてることで、地震^{じしん}が起^おきてもくずれにくくなります。また、まちを見^みわたせるような台地^{だいち}の上^{うえ}に建^たてることで、洪水^{こうずい}があっても浸水^{しんすい}しにくくなっています。

したがって、**地盤^{じばん}が強固^{きょうこ}な台地^{だいち}の上^{うえ}に城^{しろ}を建^たてることは、自然災害対策^{しぜんさいがいたいさく}につながっていたのです。**

[大阪城^{おおさかじょう}]

城^{しろ}…日本^{にほん}では、安土桃山時代^{あづちももやまじだい}（1573年^{ねん}～1600年^{ねん}）のころから、天守^{てんしゅ}をもつ城^{しろ}がつくられるようになった。城^{しろ}のまわりには、家臣^{かしん}の家^{いえ}や店^{みせ}などの城下町^{じょうかまち}が広^{ひろ}がる。大阪城^{おおさかじょう}は豊臣秀吉^{とよとみひでよし}、名古屋城^{なごやじょう}は徳川家康^{とくがわいえやす}によって建^たてられた。

台地^{だいち}…平地^{へいち}の中^{なか}で、周囲^{しゅうい}よりも少^{すこ}し高^{たか}くなっているところ。日本^{にほん}には、根釧台地^{こんせんだいち}やシラス台地^{だいち}など、各地^{かくち}に台地^{だいち}が見^みられる。

[日本^{にほん}の地形^{ちけい}]

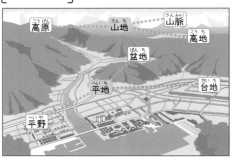

高原^{こうげん}　山地^{さんち}　山脈^{さんみゃく}　高地^{こうち}　盆地^{ぼんち}　平地^{へいち}　台地^{だいち}　平野^{へいや}

1923年に起きた関東大震災で、それまでの震災のおよそ10倍の犠牲者が出てしまったのはなぜ？

ヒント この地震が起きた時間を考えてみよう。

東京の人口が多いことと、お昼ごはんの時間だったため、地震のあとに火事が発生してしまったことが原因です。

解説

1923年9月1日午前11時58分に、関東大震災が発生しました。当時の東京府は、約400万人の人々が暮らす大都会でした。地震が昼食の時間帯に発生し、調理のために火を使っている家が多かったことから、火災が各地で発生し、多くの家が焼けてしまいました。現在、9月1日は防災の日とされています。

関東大震災の震源地と震度

6	震度6
5	震度5
4	震度4
3	震度3
2	震度2
1	震度1

×は地震の起こった場所

関東大震災…1923年9月1日に相模湾を震源として発生した大地震による災害。家屋がたおれ、火災が発生したことによって、10万人以上の死者・行方不明者が出た。

防災の日…自然災害に対する認識を高め、防災について確認する日。関東大震災が発生した9月1日に指定されている。学校や企業などでは、避難訓練などの防災訓練が行われることもある。

問題 15

鉄道の駅は、昔のまちのどのあたりにつくられたの？

ヒント 今では、駅前はにぎやかだけど……？

昔からの大都市の場合、
駅はまちのはずれにつくられ、
駅ができたあとに周辺が発展しました。

解説

鉄道をまちの真ん中に通すためには、住民の立ち退きなどが必要となり、大きな問題が生じます。そのため、**昔は鉄道の駅はまちのはずれにつくられることが多かったのです。**

とくに、昔からの大都市の場合、駅はまちのはずれにつくられ、駅ができたあとに、駅周辺に店ができて発展していきました。

[渋谷駅の
1日あたりの利用者数]

開業当時	十数人

↓

2022年	約30万人

〈JR東日本ほか〉

鉄道…線路上を走る、人や物を運ぶための交通機関。日本最初の鉄道は、1872年に新橋・横浜間で開通した。現在の日本の鉄道は、JRや私鉄のほか、新幹線によって日本各地が結ばれている。また、今後はリニア中央新幹線も開通予定。

都市計画…都市の将来の姿を想像して、計画を立てて建設・整備を行うこと。地方公共団体は、都市計画にもとづいて、道路や公共施設などの建築・整備を行っている。

[新幹線の路線図]

―― 営業中
………… 建設中・予定

北海道新幹線
（新函館北斗～札幌間
2031年以降開業予定）
新函館北斗
札幌
秋田新幹線
新青森
東北新幹線
秋田
盛岡
山形新幹線
新庄
仙台
上越新幹線
山形
新潟
福島
北陸新幹線
金沢
大宮
東京
山陽新幹線
敦賀
長野
高崎
新横浜
西九州新幹線
京都
広島
博多
新大阪
名古屋
リニア中央新幹線
（品川～名古屋間2027年
以降、名古屋～新大阪間
2045年開業予定）
※名古屋～新大阪間ルート未定
武雄温泉
新鳥栖
九州新幹線
長崎
東海道新幹線
鹿児島中央

日本は世界でもっとも鉄道の利用者数が多い

地域の神社のお祭りは、どんな目的で行われるの？

ヒント 日本で昔から行われていた、食べていくことに必要な産業って？

1 お祭りって何を目的にしてるのか知ってる？

えっ

なんだろ～？

2 お祭りといえば…夜遅くまで歌って踊る…

3 誰かの誕生日パーティー？

ハッピー バースデー

ウェ～イ

ぶぶー！

4 あ、わかった！テスト満点のお祝い？

あなた、いつも満点とれてないよね……

ナイナイ…

四季に応じた、農業にかかわるお祭りが多いです。

解説

日本は古くから農業を行って暮らしてきたことから、神社の祭りは、農業にかかわる祭りが多いとされています。
春は豊作をいのり、夏は、雨ごいや虫送り（害虫を追い払うこと）、疫病払い、秋は収穫を感謝する祭り、冬は新年の幸福をいのり、鬼を払う祭りなどがあります。

農業に関するおもな祭り

春	水口祭、御田植祭
夏	虫送り、雨ごい
秋	新嘗祭、秋祭り
冬	左義長、田遊び

祭り…神様を招き、奉仕するために行われる。日本各地で、伝統的な祭りが残されている。
日本三大祭りは、神田祭（東京都）、祇園祭（京都府）、天神祭（大阪府）。また、稲作のさかんな東北地方では、夏に豊作を願って、東北三大祭りとよばれる青森ねぶた祭（青森県）、秋田竿燈まつり（秋田県）、仙台七夕まつり（宮城県）が行われている。

年中行事…慣例的に、1年のある一定の時期に行われる行事。

年中行事カレンダー

	1月	2月	3月	4月	5月	6月	7月	8月	9月	10月	11月	12月
年中行事	初詣	節分	彼岸ひな祭り	花祭り（灌仏会）	端午の節句	更衣	七夕	お盆	お月見	彼岸秋祭り	更衣七五三	大みそか

電気自動車って、これまでの自動車と何がちがうの？

ヒント　自動車がどうやって動くかを考えよう。

答え

問 電気自動車って、これまでの自動車と何がちがうの？

ガソリンを燃やしてエンジンを動かしていましたが、

バッテリーの電気でモーターを回して動かすようになりました。

解説

電気自動車は、バッテリーに電気をため、その電気を使ってモーターを回して走ります。

電気自動車とハイブリッドカーの販売台数 (千台)				
	2010 年	2015 年	2020 年	2021 年
電気自動車	2.4	10.5	14.6	21.7
ハイブリッドカー	481.2	1074.9	1346.8	1434.7

〈2023/24 年版「日本国勢図会」〉

ガソリン車は、二酸化炭素などの排気ガスを出して走りますが、電気自動車からは排気ガスが出ません。**再生可能エネルギー**を使って電気自動車を充電することができたら、さらに二酸化炭素の排出量を減らすことができるため、電気自動車は環境に優しい車です。

電気自動車…バッテリーが載っていて、電気でモーターを回して走る車。地球温暖化の原因となる二酸化炭素などを排出しないため、環境に優しい。

ハイブリッドカー…ガソリンエンジンと電気モーターの両方を使って走る車。

再生可能エネルギー…太陽光や水力、風力などの、自然界に常に存在し、くり返し使うことができるエネルギー。二酸化炭素を発生させないことから、環境に優しい。

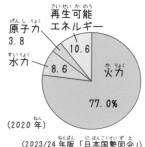

[発電電力量の割合]

再生可能エネルギー 10.6
原子力 3.8
水力 8.6
火力 77.0%

（2020 年）

〈2023/24 年版「日本国勢図会」〉

スーパーや公共施設、高速道路のサービスエリアなどにも、電気自動車の充電スポットがある

くらし

5 年生

問題 18

コンピュータやインターネットの研究が世界で活発になった、最大のきっかけって？

ヒント　国を守るためのある組織が取り組んだことだよ。

核兵器を使った戦争にもたえられる通信として研究開発されたものが、広がっていきました※。

※諸説あります

解 説

1967年から、アメリカで、国防総省の資金提供によって、**インターネットの起源**となる**パケット通信**ネットワークの研究がはじまりました。**パケット通信は、核兵器を使った戦争にもたえられる通信方法として研究された**といわれています。当時は研究目的にのみ使用が許可されていましたが、しだいに民間でも利用されるようになり、現在は世界中で使われています。

[インターネット利用者の割合]

国名	割合（％）
日本	82.9
中国	73.1
アメリカ合衆国	91.8
イギリス	96.7
インド	46.3

（2021年）〈2023/24年版「日本国勢図会」〉

コンピュータ…電子回路を使って、データの計算や蓄積、加工、処理などを行う電子計算機。現在は、パソコン（パーソナルコンピュータ）だけでなく、さまざまな電気機械にコンピュータが組みこまれ、その動きをコントロールしている。

インターネット…世界中のコンピュータや電子機器をつなぐネットワーク。わたしたちの生活に欠かせないインフラの一つ。

パケット通信…データを一定のサイズに小さくして送信すること。携帯電話などの通信に用いられる。

インターネットを使えば、24時間、世界中と通信をすることができる

なぜ、スーパーのレジ袋が有料になったの？

ヒント　使ったあとのレジ袋がどうなるかを想像してみよう。

問

なぜ、スーパーのレジ袋が有料になったの？

レジ袋の材料（プラスチック）が環境汚染の原因になってしまうから。

解説

レジ袋は、1960年代ごろから広まり、無料で配布されるようになりました。

近年では、**レジ袋などのプラスチックが適切に処分・処理されず、海に流れこんでマイクロプラスチックとなり、海洋生物の生命に深刻な影響をあたえていることがわかりました。** そこで、2020年7月からレジ袋の有料化が義務づけられ、レジ袋を減らそうとしています。

1週間でレジ袋を辞退した人の割合	
2020年3月	30.4%
2020年11月	71.9%

〈環境省資料〉

マイクロプラスチック…プラスチックが海洋に流れ出て、紫外線や波によって、非常に小さなプラスチックのかけらとなったもの。プラスチックは自然に分解されないので、長い時間をかけて海中に蓄積すると考えられる。

3R…リデュース（ごみを減らすこと）、リユース（くり返し使うこと）、リサイクル（ごみとなるものを資源にもどし、再び使えるようにすること）をまとめてこうよぶ。

Ⓡ educe リデュース ごみそのものを減らす

Ⓡ euse リユース 何回もくり返し使う

3R

Ⓡ ecycle リサイクル 資源として再利用する

ごみはポイ捨てせず、分別して処理しよう！

ごみの分別についてくわしくは、36ページを参照

カタログ販売や通信販売は、どの国ではじまったの？

ヒント 国土面積が広いあの国だよ。

アメリカではじまりました。

解説かいせつ

アメリカはとても広ひろいので、早はやくからカタログによる通信販売つうしんはんばいが発達はったつしました。

はじまりは、19世紀後半せいきこうはんの南北戦争なんぼくせんそう後ご、農民のうみんを対象たいしょうにしたカタログ販売はんばいでした。

日本にほんでは、19世紀後半せいきこうはん、郵便制度ゆうびんせいどが広ひろがるとともに、三越みつこしや高島屋たかしまやがカタログを使つかった**通信販売つうしんはんばい**を行おこなうようになりました。

インターネットが定着ていちゃくした近年きんねんでは、インターネットを使つかった通信販売つうしんはんばいが主流しゅりゅうとなっています。

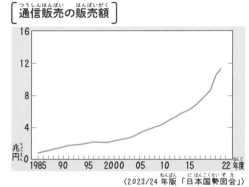

[通信販売つうしんはんばいの販売額はんばいがく]

16
12
8
4
兆ちょう円えん
1985 90 95 2000 05 10 15 22 年度ねんど

〈2023/24年版ねんばん「日本国勢図会にほんこくせいずえ」〉

・・・

カタログ販売はんばい…実物じつぶつの商品しょうひんではなく、さまざまな商品しょうひんの写真しゃしんや値段ねだんなどが書かかれたカタログを通とおして、商品しょうひんを販売はんばいする方法ほうほう。通信販売つうしんはんばいの起源きげんとなった。

通信販売つうしんはんばい…カタログやはがき、新聞しんぶんの広告こうこく、インターネットなどに商品しょうひんを掲載けいさいし、電話でんわやメールなどで注文ちゅうもんを受う付つけ、郵便ゆうびんや宅配便たくはいびんなどで商品しょうひんを届とどける。

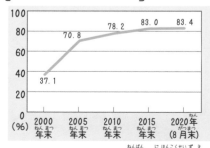

[インターネットの普及率ふきゅうりつ]

100
80
60
40
20
0
(%)

37.1
70.8
78.2
83.0
83.4

2000 年末ねんまつ
2005 年末ねんまつ
2010 年末ねんまつ
2015 年末ねんまつ
2020 年ねん (8月末がつまつ)

〈2023/24年版ねんばん「日本国勢図会にほんこくせいずえ」〉

インターネットを使つかった通信販売つうしんはんばいは、売上高うりあげだかがどんどん増ふえている

「とちおとめ」や「あまおう」といった いちごの品種は、 日本に何種類あるの？

ヒント ①約100種類 ②約200種類 ③約300種類 のどれかだよ。

日本のいちごは
約 300 種類あります。

解説

世界のいちごの品種の半分以上は、日本のいちごといわれており、**日本はいちごの消費量が世界一です**（農林水産省 HP より）。
大きさやあまさ、色などさまざまな特色があります。現在も、それぞれの地域を代表する**ご当地ブランド**のいちごが生み出されています。

[いちごの生産量割合]

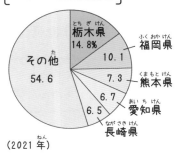

栃木県 14.8%
福岡県 10.1
熊本県 7.3
愛知県 6.7
長崎県 6.5
その他 54.6

（2021 年）

〈2023/24 年版「日本国勢図会」〉

いちご…バラ科の多年草。春から初夏にかけて、白い花がさいたあと、赤い実が熟す。品種改良によって、大きい、あまい、白い、などさまざまな品種がつくられている。

ご当地ブランド…地域ブランドともいう。各地域を活性化させるために、商品やサービスに地域独自の素材や技術などの特性を加えたもの。ブランド名をつけることで、商品としての価値を上げている。

[おもないちごの品種]

長崎県 ゆめのか
愛知県 あきひめ
福岡県 あまおう（福岡56号）
栃木県 とちおとめ とちひめ
熊本県 ゆうべに ひのしずく

〈農林水産省 HP〉

くだものは、おもに樹木になるものを指すため、いちごは「野菜」に区分されることもある

問題 03

日本の秋の味覚「さんま」の値段が高くなったのはなぜ？

ヒント さんまが泳ぐルートが関係するよ。

海流の道すじが変わり、日本近海でさんまが以前よりとれなくなったからです。

解説

さんまは、1年のうちの決まった時期に広い範囲をおよぎまわる外洋性回遊魚で、夏に北海道の沖に現れると、太平洋を南下し、春になると再び北上します。
日本の太平洋側を流れる黒潮（日本海流）の流れが南に大きくずれる黒潮大蛇行などによって、
黒潮の温かい海水を好まないさんまが北に移動してしまったため、さんまの漁獲量が減少したと考えられています。

[さんまの漁獲量の割合]

その他 33.5
北海道 42.0%
宮城県 12.0
岩手県 12.5

（2021年）〈2024年版「データでみる県勢」〉

海流…日本列島のまわりには4つの海流が流れている。
暖流：黒潮（日本海流）・対馬海流
寒流：親潮（千島海流）・リマン海流

地球温暖化…温室効果ガスの排出などによって、地球全体の気温が少しずつ上昇する現象。地球温暖化が進むと、海水面が上昇し、雨が多くなるなど、さまざまな影響があると考えられている。

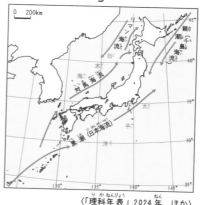

[日本周辺の海流]

〈「理科年表」2024年 ほか〉

魚には、冷たい海を好む寒流魚と、温かい海を好む暖流魚がいる

本州の学校は北側に廊下、南側に教室なのに、沖縄の学校は南側に廊下、北側に教室なのはなぜ？

ヒント 沖縄の学校をイメージしてみよう。

本州の学校は北側に廊下、南側に教室なのに、沖縄の学校は南側に廊下、北側に教室なのはなぜ？

沖縄では、南からの日当たりが強いことから、教室に日を差しこませないための工夫がされています。

解説

沖縄県は、南西諸島の気候に属し、温暖な地域です。本州よりも**低緯度**に位置することから、日差しも強くなります。

そこで、**沖縄の学校には、南側に長いひさしをつけたり、南の外側に廊下のかわりの通路をつけたりと、教室に日差しが差しこまない工夫**がされています。

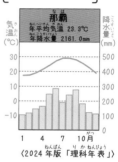

【那覇市の雨温図】

那覇
年平均気温 23.3℃
年降水量 2161.0mm

〈2024年版「理科年表」〉

日本の気候…日本の気候は、気温や降水量によって、北海道の気候、日本海側の気候、太平洋側の気候、内陸の気候、瀬戸内の気候、南西諸島の気候の6つに分かれる。

緯度…緯度は、地球の南北の位置を表す。緯度が低いほど、赤道（緯度0度の緯線）に近い。

経度…経度は、地球上の東西の位置を表す。本初子午線（経度0度の経線）はイギリスのロンドン郊外を通る。

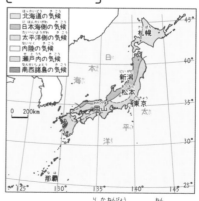

【日本の気候区分】

- 北海道の気候
- 日本海側の気候
- 太平洋側の気候
- 内陸の気候
- 瀬戸内の気候
- 南西諸島の気候

〈「理科年表」2024年 ほか〉

日本の最西端にある与那国島は、沖縄県に属している

沖縄の家にコンクリートづくりのものが多いのはなぜ？

ヒント 夏から秋にかけて、沖縄にやってくるものといえば？

沖縄の家にコンクリートづくりのものが多いのはなぜ？

台風から家を守るためです。

解説

夏から秋にかけて、沖縄では、暴風雨をともなう台風が多く接近・上陸します。台風から家を守るためには、丈夫な家にする必要があるので、コンクリートづくりの家が多くなっています。

近年は、石垣に囲われ、赤瓦の屋根にシーサーが乗っている伝統的な家屋は少なくなってきています。

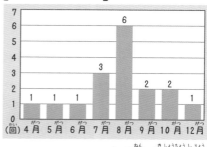

［台風の月別発生数］

(回)	4月	5月	6月	7月	8月	9月	10月	12月
	1	1	1	3	6	2	2	1

（2023年）〈気象庁資料〉

....

台風…熱帯低気圧が発達して、最大風速が毎秒17.2m以上になったもの。夏から秋にかけて発生し、暴風雨をともなうので、風水害をもたらすことがある。

沖縄の伝統的な住居…伝統的な住居は、強風を防ぐために石垣や防風林で家のまわりを囲い、赤瓦の屋根をしっくいで固めている。シーサーは家の守り神である。現在は、コンクリートづくりの家が多くなっている。

［沖縄の伝統的な家］

しっくいでとめたかわら

ふくぎ（防風林）

シーサー（守り神）

さんごの石垣

台風は、どんな進路で日本列島に近づくのかな？

台風は左まわりで南の風を巻きこんで進むため、通過後は蒸し暑くなる

地理 5年生

問題 06

降水量が多い沖縄で、どうして水不足になるの？

ヒント ○○がなければ、雨がたくさん降っても水不足になるよ。

降水量が多い沖縄で、どうして水不足になるの？

水をたくわえるための森林や大きな川が少ないからです。

解説

南西諸島の気候に属している沖縄は、1年を通して降水量が多いですが、水不足になりやすい地域です。

沖縄の島々は、山が低く、川も短いため、水をためておくことができません。そのため、水不足対策として、雨水をためておくタンクが屋根に設置されています。

[沖縄のおもな川]

河川名	流域面積	長さ
比謝川	49km²	17 km
安波川	42km²	11 km
福地川	36km²	19 km

[本州のおもな川]

河川名	流域面積	長さ
信濃川	11900km²	367 km
利根川	15840km²	322 km

〈沖縄県企業局資料〉

南西諸島の気候…沖縄県や鹿児島県の薩南諸島などで見られる、亜熱帯性の気候。1年を通して温暖で、降水量が多い。

ため池…人工的につくられた池。水不足になりやすい瀬戸内地域などでは、農業用水などを確保するために、ため池がつくられている。日本最大のため池は、香川県にある満濃池。

用水…農業や工業、生活などに用いられる水や、水を引いてくるための水路。水が不足しやすい地域では、用水を設置して、水を確保している。

水不足に備えて、日本各地で、さまざまな工夫が行われているね！

水不足の原因は、降る雨の量が少ないか、降った雨がたまらないかのどちらかである

北海道では、家の玄関が二重になっているところが多いのはなぜ？

ヒント 何かから家を守っているよ。

問 とい

北海道では、家の玄関が二重になっているところが多いのはなぜ？

冬の冷たい風がふきこまない
ようにするためです。

解説 かいせつ

北海道は、**北海道の気候**に属しており、冬の寒さが厳しい地域です。**家の中の温度を保つためには、家の中に冬の冷たい空気が入らないようにする必要があります。** そこで、玄関には外側の扉と内側の扉が取りつけてあるのです。

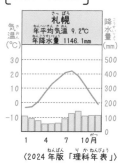

[札幌の雨温図]

札幌
年平均気温 9.2℃
年降水量 1146.1mm

〈2024年版「理科年表」〉

北海道の気候…北海道で見られる気候。冷帯（亜寒帯）に属している。冬の寒さが厳しく、降水量が比較的少ない。北海道では、梅雨はほとんどない。

北海道の家…寒さが厳しい北海道では、窓や玄関を二重にし、石油ストーブを設置したり、かべに断熱材を入れたりしている。雪が多い地域では、屋根の角度を急にしたり、家の前に雪をとかすための温熱パイプをしいたりと、工夫している。

[北海道の家]

急な角度のついた屋根　二重まど　玄関フード　たくさんの断熱材　不凍せん　大きな灯油タンク　雪をとかす温熱パイプ

北海道の家の中は、冬でも半そでで過ごせるくらい暖かくしてあるよ！

政令指定都市に指定されている都市のうち、北海道の札幌市は、全国で4番目に人口が多い

もともと暖かい土地で育てられていた米が、北海道地方や東北地方でも育つことができたのはどうして？

ヒント　米づくりにある工夫が重ねられたよ。

寒い地方でも育つように
品種改良されたからです。

解説

米づくりには、豊富な水と広い土地が必要です。東北地方や北海道地方には広い土地があり、川に流れこむ豊富な雪どけ水があります。しかし、米は寒さに弱い作物です。そこで、**寒冷地でも米がつくれるように米の品種や栽培技術の改良が**重ねられたのです。こうして、東北地方や北海道地方での稲作がさかんになっていきました。

[新しい品種ができるまで]

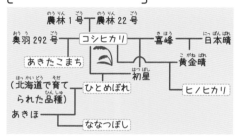

稲…イネ科で、種をまいてから一年以内に開花し、実をつける一年草。稲からとれる米は、日本や東アジアなどで主食にされている。日本では、新潟県や北海道などでの生産量が多い。

品種改良…農作物や家畜について、それぞれの品種のよいところをかけ合わせ、新しい品種をつくること。もとは自然界で発生した突然変異からはじまり、現在は遺伝子を編集して、よりよい品種がつくられている。

[米の生産量割合]

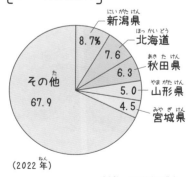

新潟県 8.7%
北海道 7.6
秋田県 6.3
山形県 5.0
宮城県 4.5
その他 67.9

(2022 年)

〈2023/24 年版「日本国勢図会」〉

寒さに強い品種や味がよい品種、病気に強い品種などがある

日本からまっすぐ東へ行くと、どこの国にたどりつくの？

ヒント　見る地図の種類によって変わってくるよ。

1　おかしいな、こっちの方向で合っているはずなのに…

2　あれ？なんか地図がぐにゃぐにゃして…

3　うわーーーー！この地図、チーズでできてる！溶けちゃったよ〜〜

ドロ〜

4　うん、うまい！

日本からまっすぐ東へ行くと、どこの国にたどりつくの？

南米のチリです。

解説

地球は球体のため、平面の地図ですべてを正確に表すことはできません。そこで用途に合わせてさまざまな種類の地図がつくられています。

中心からの距離や方位が正しい地図では、中心から見て上が北、下が南、右が東、左が西を示しています。したがって、**日本からまっすぐ東へ行くと南米のチリにつくことがわかります。**

[中心からの距離と方位を 正しく表す「正距方位図法」]

世界地図…世界の地理の様子を表した地図。中心からの距離と方位が正しい地図や面積が正しい地図、二地点間の角度が正しい地図など、さまざまな種類の地図がつくられている。

地球儀…地球の形、面積、方位、距離などを正確に表した立体の模型。一度にすべての面を見ることはできない。

[2つの地点間の 角度を正しく表す 「メルカトル図法」]

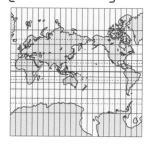

[面積を正しく表す「モルワイデ図法」]

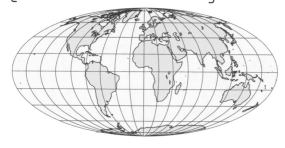

中心からの距離と方位が正しい地図では、飛行機の最短ルートがわかる

なぜ、日本では
テレビやラジオで天気予報が
くわしく放送されているの？

ヒント　くわしい天気予報が必要なのはどんな仕事の人？

なぜ、日本ではテレビやラジオで天気予報がくわしく放送されているの？

季節や土地によって天気が変わることと、漁業や農業など、天気に左右される仕事の人が多いことからです。

解説 かいせつ

天気予報では、雨が降るのか、気温は何度か、注意報や警報が出ているか、といった内容が放送されます。

日本には四季があり、**天気が1年の間に大きく変わります。**また、**一日の天気の変化も大きく、それぞれの地域によって気候が異なります。**

漁業や農業など、天気に左右される仕事の人にとってはとくに大切な情報源といえます。

[8月の天気予報の例]

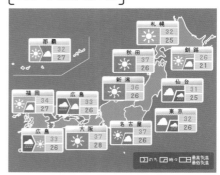

のち　時々　最高気温／最低気温

・・・

天気予報…各地域で予想される未来の天気の情報を、テレビやラジオ、新聞、インターネットなどで伝えること。天気や降水確率、最低気温・最高気温、各種注意報、警報などが伝えられる。

注意報・警報…大雨や強風、洪水、高潮、地すべりなどによって被害が予想されることを伝える。

特別警報…もっとも重大な被害が予想されるときには、特別警報が出される。

桜島のある鹿児島県では、火山灰が降るかどうかの予想も、天気予報で伝えられる

なぜ、日本（にほん）では桜（さくら）の花（はな）がさくとニュースになるの？

ヒント 日本（にほん）の気候（きこう）ならではの文化（ぶんか）だよ。

1. 何見（なにみ）てるの？

ダジャレおじさんのお天気実況動画（てんきじっきょうどうが）！

2. 「春（はる）」なので「はる」ばる桜（さくら）の名所（めいしょ）まで来（き）ました～

3. もうすぐ「桜（さくら）」が「サクラ」しいです！

4. 「満開（まんかい）」になったらお花見（はなみ）でお酒（さけ）をの「まんかい」？

楽（たの）しそうでいいな！

なぜ、日本では桜の花がさくとニュースになるの？

日本人は、その時期にさく「花の開花」で季節の訪れを感じる文化があるからです。

解説

日本には四季があり、桜や梅、紫陽花、紅葉、椿など、四季折々の花がさき、葉が色づくなど、美しい景色が見られます。**桜の開花時期を伝える「桜の開花前線」のニュースを伝えることで、日本人は目に見えない春の到来を感じることができます。**世界を見渡しても、花がさくことがニュースになる国は、日本の他にはないといわれています。

[桜の開花前線の例]

〈日本気象協会〉

・・

四季…春・夏・秋・冬の４つの季節のこと。気象庁では、おもに３月〜５月を春、６月〜８月を夏、９月〜11月を秋、12月〜２月を冬としている。世界には、日本のように四季がはっきりしている国は少なく、四季がない国もある。

桜の開花前線…ソメイヨシノという桜の開花時期を観測し、同じ日付を線で結んだもの。桜は、３月末ごろに九州が開花し、だんだん北上して、北海道では５月ごろに開花する。

それぞれの季節には、どんな花がさくかな？

　　日本に広く分布しているソメイヨシノは、同じ一本の木から人工的に増やされた

なぜ、日本では生の魚をおいしく食べられるの？

ヒント　わたしたちが新鮮な魚を食べるまでの道すじを考えてみよう。

海に囲まれた日本では新鮮な魚が手に入りやすく、流通経路も整っているためすばやく届けることができるからです。

解説

新鮮でない生の魚には、細菌や寄生虫がいる可能性があり、食中毒などを起こすおそれがあります。刺身や寿司のような、**魚を生で食べる文化が他の国にないのは、新鮮なまま魚を輸送し、保管するしくみが整っていないからです。**
近年では、生きたまま魚を輸送する活魚輸送や、とれた魚は船の上ですぐに冷凍して輸送する技術が発達しています。

魚が食卓に届くまで

①魚を水あげし、漁港へ運ぶ
②せりにかける
③市場で売られる
④トラックで各地の市場へ運ぶ
⑤スーパーマーケットで売られる
⑥わたしたちの食卓に並ぶ

コールドチェーン…魚や肉、野菜などの農産物を、冷凍や冷蔵の状態のまま、温度を保って輸送すること。コールドチェーンによって、遠くの地域へ鮮度を保ったまま輸送することができるようになった。

活魚輸送…とった魚を生きたまま店舗まで輸送する技術。活魚輸送車には水槽がついており、空気ポンプで魚に酸素を送っている。

日本のおもな漁港

（）の数字の単位は千ｔ。

沖縄県

紋別（74）
釧路（205）
広尾（70）
気仙沼（75）
石巻（96）
銚子（280）
焼津（148）
枕崎（62）
長崎（52）
境（91）

（2021年）　〈2023/24年版「日本国勢図会」〉

📖 刺身や寿司につけるわさびやしょうゆには、殺菌作用がある

なぜ、日本人は米を たくさん食べなくなったの？

ヒント 昔と今で食事内容は何が変わったのかな？

問 なぜ、日本人は米をたくさん食べなくなったの？

米のかわりに食べるものが
豊富に手に入るように
なったからです。

解説

国民一人あたりの米の消費量は、約60年前と比べて、半分程度に減少しました。昔の人は、肉や魚を食べる量が少なく、おもにその季節にとれる野菜とご飯3〜5はいを毎食食べていたようです。

しかし、食生活が変化し、さまざまな食べ物が手に入るようになり、外食が増えたことで、米の消費量は減少しています。

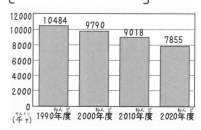

米の消費量の移り変わり

年度	消費量
1990年度	10484
2000年度	9790
2010年度	9018
2020年度	7855

(千ｔ) セキトン

〈2023/24年版「日本国勢図会」〉

食生活の変化…輸入によってさまざまな食料品を手に入れられるようになり、洋食などを食べるようになったことで、肉や油、乳製品の消費量が増え、米の消費量が減少した。また、パンやパスタなど、主食の種類も増えた。近年は、グローバル化が進み、世界各国の食事が日本でも楽しめるようになった。

昔と今の国民一人1日あたりの食料供給量

	1970年度	2021年度
米	260.4 g	141.0 g
野菜	316.2 g	234.8 g
肉類	36.6 g	93.2 g
果実	104.3 g	88.8 g
牛乳・乳製品	137.2 g	258.6 g

〈2023/24年版「日本国勢図会」〉

輸入自由化…日米交渉によって、1991年から、牛肉とオレンジの輸入が自由化された。それによって、牛肉やオレンジの輸入量が増加した。

国内で消費されている食料のうち、国内で生産された割合を食料自給率という（114ページ）

日本の高速道路に
トンネルが
多いのはなぜ？

ヒント　日本の地形の特色が関係するよ。

日本には山が多いからです。

解説（かいせつ）

日本の高速道路に 1000 か所以上ものトンネルがある理由は、日本の地形が関係します。

国土がせまいうえに、全体の約4分の3が山という日本の高速道路は、山間部を走ることが多くなります。

それにともない、**トンネルの数も多い**のです。

高速道路は自然の地形に沿ってつくられており、事故を防ぐために、安全を考慮してゆるやかなカーブの道路が多くなっています。

[日本の地形の割合]

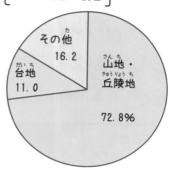

その他 16.2
台地 11.0
山地・丘陵地 72.8%

〈2023/24 年版「日本国勢図会」〉

高速道路…自動車が速いスピードで走るための専用の道路。一般の道路とは分けてつくられ、信号がない。1963 年にはじめて名神高速道路が開通し、現在も延長されている。

トンネル…山や地中をほって空洞にして、その空間を利用するもの。おもに、道路や鉄道などの交通路として利用されている。日本一長いトンネルは、自動車が走るトンネルでは、全長約 18.2km の山手トンネル、鉄道が通るトンネルでは、全長 53.85km の青函トンネルである。

[日本のおもな高速道路]

おもな高速道路
0　200km
札幌　苫小牧　秋田　松江　新潟　仙台　北九州　神戸　日立　東京　名古屋　松山　大阪　鹿児島

日本の道路に橋が多いのはなぜ？

ヒント 大陸の川と日本の川のちがいが関係するよ。

問 <ruby>問<rt>とい</rt></ruby>

日本の道路に橋が多いのはなぜ？

短く急な流れの川が多く、橋がないとわたれないからです。

解説

日本は国土がせまく、山がちであることから、**世界の川と比べて、長さが短く、流れが急であるという特色**があります。そのため、橋をかけなければ川の向こうへわたることができませんでした。人や荷物の移動、経済活動を円滑に行うために、橋は必要不可欠です。日本各地には、「日本橋」など、「橋」の字がつく地名が多く残されています。

[日本と世界の川の比較]

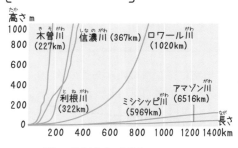

橋…河川や谷などの上に、交通路としてかけられる建造物。日本で一番長い橋は東京湾アクアブリッジである。明石海峡大橋は、つり橋として世界で2番目に長い。

日本の河川…世界の河川と比べて、長さが短く、流れが急である。もっとも長い河川は信濃川、もっとも流域面積が広いのは利根川である。

[日本のおもな川]

日本で一番深い湖の名前は？

ヒント　火山の噴火でできた湖だよ。

問 とい
日本で一番深い 湖 の名前は？
にほん いちばんふか みずうみ なまえ

秋田県にある田沢湖です。
あきたけん たざわこ

解説
かいせつ

水深 423.4 mの田沢湖は、日本で一番深い
すいしん たざわこ にほん いちばんふか
湖 です。田沢湖は、一説によると、火山の
みずうみ たざわこ いっせつ かざん
噴火によってできたカルデラに水が入って
ふんか みず はい
できた 湖 だと考えられています。
みずうみ かんが
水深が深い 湖 は、火山の火口にできた「火
すいしん ふか みずうみ かざん かこう か
山湖」であることが多いです。日本には、た
ざんこ おお にほん
くさんの火山があることから、火山湖も数多
かざん かざんこ かずおお
くあります。

青森県 あおもりけん
秋田県 あきたけん
田沢湖 たざわこ
岩手県 いわてけん
山形県 やまがたけん
福島県 ふくしまけん

· ·

カルデラ…火山の爆発や噴火によってで
かざん ばくはつ ふんか
きた 大きなくぼ地。阿蘇山
おお ち あそさん
（熊本県）では、世界最大級の
くまもとけん せかいさいだいきゅう
カルデラが見られる。
み

湖 …池や沼よりも大きく、水深 5 m以上
みずうみ いけ ぬま おお すいしん いじょう
の大きな 水たまり。日本でもっとも
おお みず にほん
大きな 湖 は琵琶湖（滋賀県）、もっ
おお みずうみ びわこ しがけん
とも標高が高い 湖 は中禅寺湖（栃木
ひょうこう たか みずうみ ちゅうぜんじこ とちぎ
県）である。
けん

火山湖…火山活動によって生まれた 湖。
かざんこ かざんかつどう う みずうみ
日本には、摩周湖（北海道）や
にほん ましゅうこ ほっかいどう
十和田湖（青森県・秋田県）な
とわだこ あおもりけん あきたけん
どがある。

日本のおもな 湖
にほん みずうみ

サロマ湖 こ
田沢湖 たざわこ
宍道湖 しんじこ
猪苗代湖 いなわしろこ
霞ヶ浦 かすみがうら
浜名湖 はまなこ
琵琶湖 びわこ

日本の 湖 はすべて淡水だが、世界には「塩湖」もある
にほん みずうみ たんすい せかい えんこ

北海道で、バターやチーズの生産がさかんな地域はどこ?

ヒント 北海道のなかでも、涼しくて広い地域だよ。

答え

問 北海道で、バターやチーズの生産がさかんな地域はどこ？

根釧台地、十勝平野です。

解説

根釧台地や十勝平野は、夏の季節風が寒流の親潮（千島海流）によって冷やされて、**濃霧**が発生しやすいことから、夏の気温が上がりづらい地域です。

そこで、**涼しい気候と広い土地**を生かして、**牛**などを育て、**乳製品**などを生産する酪農がさかんです。

根釧台地は、1955年に酪農の**パイロットファーム**に指定されています。

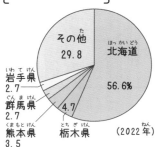

根釧台地

十勝平野

濃霧…濃霧が発生すると、太陽光がさえぎられるため、気温が上がりにくく、農作物が育たなくなる。北海道の太平洋側では、暖かい夏の季節風が冷たい海流によって冷やされることで濃霧が発生する。

酪農…乳用牛などを育てて、乳をしぼり、バターやチーズなどの乳製品をつくる農業。日本では、北海道のほか、栃木県や熊本県などでさかん。

パイロットファーム…新しい試みなどを行う実験農場。

[生乳生産量の割合]

北海道 56.6%

その他 29.8

岩手県 2.7

群馬県 2.7

熊本県 3.5

栃木県 4.7

（2022年）

〈2024年版「データでみる県勢」〉

どうして、同じ土地でずっと同じ作物をつくらないの？

おな　とち　おな　さくもつ

ヒント　畑のなかのあるものが足りなくなってしまうよ。
はたけ　　　　　た

1　おじさん、何つくってるの〜？
なに

2　おととしはトマト、去年は大根、今年はブロッコリーをつくったんだ
きょねん　だいこん
ことし

毎年変えてるの？なんで？
まいとし　か

3　しまった！今年のベジコレの流行は葉物野菜だった…！！
ことし
りゅうこう　は ものやさい

4　おじさん、これ見て決めてたのか…
み

答え

問 どうして、同じ土地でずっと同じ作物をつくらないの？

その作物を育てるために必要な、特定の栄養が土からなくなってしまうためです。

解説

同じ土地で同じ作物をつくり続けると、特定の栄養が土からうばわれ、土地がやせてしまい、作物が育たなくなったり、病気にかかりやすくなったりします。この現象を、連作障害といいます。連作障害を防ぐために、一つの農地をいくつかの区画に分け、毎年ちがう作物を計画的に栽培することで、土地がやせるのを防いでいます。これを輪作といいます。

[輪作のやり方]

🥔 じゃがいも ／ スイートコーン
🫘 あずき 🥕 てんさい
🌾 小麦

	畑①	畑②	畑③	畑④	畑⑤
1年目					
2年目					
3年目					
4年目					
5年目					

連作…同じ農地で同じ作物を、毎年連続して栽培すること。連作することで土地の栄養分が不足し、連作障害が起こることも。

輪作…農地をいくつかの区画に分け、一定の順序で毎年ちがう作物を計画的に栽培すること。輪作を行うことで、土地の栄養分がかたよることを防ぎ、作物が病気になりにくくする。輪作は、北海道の十勝平野などで行われている。

[生産量の割合]

小麦

北海道 61.8%	その他 38.2

てんさい

北海道 100%

小豆 　　　　　　　その他 7.3

北海道 92.7%	

（小豆は 2021 年、その他は 2022 年）

〈2023/24 年版「日本国勢図会」〉

十勝平野では、じゃがいもや小麦、小豆、てんさい、とうもろこしなどの輪作を行っている

大都市の周辺で行われているのは、何という農業？どんな作物が栽培されているの？

ヒント 「周辺」から連想する言葉はあるかな？

問

大都市の周辺で行われているのは、何という農業？どんな作物が栽培されているの？

近郊農業とよばれます。
大都市に住む人が食べるための
野菜などが栽培されています。

解説

大都市の近くで、大都市に住む人々に向けて野菜や卵、くだものといった農作物を育てる農業を、近郊農業といいます。

近郊農業は、消費地である大都市の近くで行っているので、輸送費が安くすみ、新鮮な農作物を届けることができます。関東平野では、**東京大都市圏**に向けた近郊農業がさかんです。

[大都市圏に住む人口の割合]

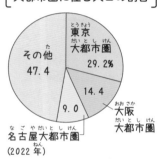

その他 47.4

東京大都市圏 29.2%

14.4

9.0

名古屋大都市圏

大阪大都市圏

（2022年）

〈2022年 総務省資料〉

近郊農業…大都市の消費者に向けて、大都市の近くで行われる農業。野菜や卵、くだものなどを栽培する。輸送費が安く、新鮮な農作物を出荷できるというメリットがある。

関東平野…関東地方に広がる、日本最大の平野。火山灰が堆積してできた関東ローム層が広がり、畑作がさかんである。

東京大都市圏…東京を中心に広がる大都市圏。日本の人口の約4分の1が集中している。

[生産量の割合]

ねぎ　　　　　　　北海道4.9

埼玉県 11.9%	千葉県 11.9	茨城県 11.9		その他 59.4

ほうれんそう

埼玉県 10.8%	群馬県 10.2	千葉県 8.8	茨城県 8.5	その他 61.7

（2021年）

〈2023/24年版「日本国勢図会」〉

東京都中央卸売市場へは、関東地方の県からの出荷量が多い

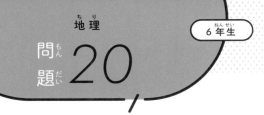

「ハザードマップ」ってどんなマップ？

ヒント 車のハザードランプは、危険を知らせるために使うよ。

「ハザードマップ」ってどんなマップ？

自然災害を想定して、被害を受けると考えられる範囲を示した地図のことです。

解説

ハザードマップには、火山の噴火や地震、津波・高潮、河川の氾濫などの自然災害に関して、予測される被害の程度や範囲、避難場所などが記されています。

ハザードマップはおもに地方自治体が作成しており、インターネットなどで確認することができます。あらかじめどのような災害が起こりやすいのか知ることで、被害を減らすことができます。

ハザードマップで確認したいこと

土砂くずれの予測　　洪水の予測

津波の予測　　避難場所と経路

ハザードマップ…自然災害による被害を予測し、被害範囲や程度、避難場所などを記した地図。減災の考え方から、ハザードマップが重要視されるようになった。

防災・減災…防災とは自然災害による被害を防ぐこと。減災とは自然災害による被害をなるべく減らすこと。自然災害の発生を防ぐことはできないため、防災・減災の取り組みを進めておくことが大切である。

災害が発生したときのしくみ

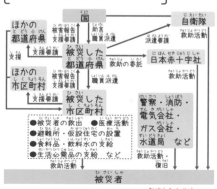

〈内閣府資料 ほか〉

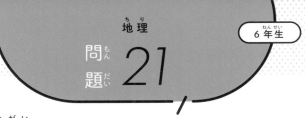

自然災害には
どんなものがあるの？

ヒント　地震や台風以外にもたくさんあるよ。

1　昔の言い伝えで、怖いもののことをこう言ったんだ

2　地震！ かみなり！ 火事！ おやじ！

ゴロゴロ

グラグラ

コラ～

ドーーン

3　おやじ？うちのお父さん、全然怖くないけど…

?

4　家庭によっては「おふくろ」のときもある！

コラーー!!

答え（こた）

問（とい） 自然災害（しぜんさいがい）にはどんなものがあるの？

暴風（ぼうふう）、大雨（おおあめ）、台風（たいふう）、大雪（おおゆき）、洪水（こうずい）、竜巻（たつまき）、土砂（どしゃ）くずれ、高潮（たかしお）、地震（じしん）、津波（つなみ）、噴火（ふんか）

などがあります。

解説（かいせつ）

自然災害（しぜんさいがい）とは、暴風（ぼうふう）や大雨（おおあめ）、台風（たいふう）、大雪（おおゆき）、洪水（こうずい）、竜巻（たつまき）、土砂（どしゃ）くずれ、高潮（たかしお）、地震（じしん）、津波（つなみ）、噴火（ふんか）などの異常（いじょう）な自然現象（しぜんげんしょう）により生（しょう）ずる被害（ひがい）のことです。日本（にほん）は、風水害（ふうすいがい）や地震災害（じしんさいがい）などが多（おお）いことで知（し）られています。

また、近年（きんねん）は、地球温暖化（ちきゅうおんだんか）にともなう地球環境（ちきゅうかんきょう）の変化（へんか）によって、ゲリラ豪雨（ごうう）なども発生（はっせい）しています。

マグニチュード 6.0 以上（いじょう）の地震（じしん）の割合（わりあい）

（2011〜2020 年（ねん））

日本（にほん）259 回（かい）（17.9%）

世界（せかい）1,443 回（かい）

〈気象庁（きしょうちょう）ほか〉

地震（じしん）…地球内部（ちきゅうないぶ）の急激（きゅうげき）な変動（へんどう）によって、大地（だいち）がゆれる現象（げんしょう）。震度（しんど）は地震（じしん）のゆれの強弱（きょうじゃく）を、マグニチュードは地震（じしん）そのものの規模（きぼ）を示（しめ）す。日本（にほん）は、環太平洋造山帯（かんたいへいようぞうざんたい）に位置（いち）しており、世界（せかい）でも地震（じしん）が多（おお）い国（くに）である。

津波（つなみ）…地震（じしん）によって発生（はっせい）する高（たか）い波（なみ）。海岸（かいがん）に近（ちか）づくにつれて高（たか）くなり、大（おお）きな被害（ひがい）が発生（はっせい）することがある。

ゲリラ豪雨（ごうう）…突発的（とっぱつてき）に発生（はっせい）し、局地的（きょくちてき）に降（ふ）る豪雨（ごうう）。長（なが）くても 1 時間（じかん）ほどしか続（つづ）かないことが多（おお）いが、発生（はっせい）の予測（よそく）がしづらい。

津波避難（つなみひなん）ビルの看板（かんばん）

災害時（さいがいじ）には、ライフライン（34ページ）の確保（かくほ）が重要（じゅうよう）となる

地理

問題 22

中学受験

かまぼこの原料には
どんな魚が
使われているの？

ヒント　身が〇色の魚だよ。

かまぼこの原料は、白身魚です。

解説

かまぼこは、白身魚の身をすりつぶしたものからつくられます。おもに、**すけとうだら、いさき、いとよりだい、しろぐちなどの白身魚が使われています。**

かつては、白身魚は高級魚で、かまぼこもごちそうだと考えられていました。平安時代には、かまぼこのような**加工食品**が存在していたと考えられています。

1世帯あたりの かまぼこの年間購入額	
宮城県	8170 円
長崎県	6253 円
富山県	4609 円
全国平均	3119 円

（2020 ～ 2022 年平均）
〈2024 年版「データでみる県勢」〉

かまぼこ…白身魚のすり身に調味料を加え、蒸したり焼いたりした食品。半月状の板つきかまぼこが多く売られている。

食品工業…農作物や水産物、畜産物などを原料として、加工食品をつくる工業。

加工食品…農作物や水産物、畜産物などに、何らかの加工・調理を加えた食品。加工食品にすることで、品質を保ち、長期保存することが可能になったり、かんたんに調理できるようになったりする。

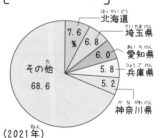

食料品工業の製造品出荷額割合

- 北海道 7.6 %
- 埼玉県 6.8
- 愛知県 6.0
- 兵庫県 5.8
- 神奈川県 5.2
- その他 68.6

（2021 年）
〈2024 年版「データでみる県勢」〉

加工食品には、レトルト食品や缶詰、インスタント食品などがあるよ！

「排他的経済水域」って何？

ヒント　海中・海底にねむっている〇〇にかかわる範囲だよ。

「排他的経済水域」って何？

海中・海底の資源を 沿岸国のものにできる範囲 のことです。

解説

排他的経済水域とは、沿岸から200海里以内（領海を除く）の水域のことで、この水域では、沿岸国が海中や海底でとれる水産資源や鉱産資源を優先的に利用することができます。

1970年代に排他的経済水域が設定されると、外洋の漁業が行いにくくなり、日本の遠洋漁業は衰退しました。

[日本の領域]

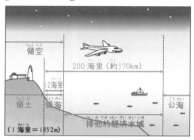

排他的経済水域…沿岸から領海を除く200海里（約370km）以内の水域。外国の船が通行したり、海底ケーブルをしいたりすることはできるが、水産資源や鉱産資源の利用は沿岸国が優先される。

沖ノ鳥島…日本の南のはしにある島。東京都に属する。沖ノ鳥島が水没すると、日本の国土面積よりも広い排他的経済水域が失われるため、護岸工事を行って、守っている。

[日本の排他的経済水域]

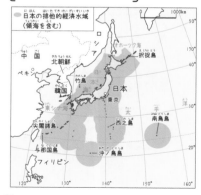

日本の排他的経済水域は、世界で6番目の広さである

日本のよう業[※]が、ほとんど輸入にたよらないのはなぜ？

※陶磁器やガラス、セメント、れんがなどを製造する工業

ヒント 日本の地下からでたくさんとれる、あるものが関係するよ。

日本では原料となる
石灰石が豊富にとれるからです。

解説

よう（窯）業とは、粘土や石灰石などに熱を加えて加工し、陶磁器やセメント、ガラスなどをつくる産業のことです。陶磁器の生産がさかんな場所は、原料となる粘土や、きれいな水が豊富にある岐阜県や愛知県などです。
また、豊富にとれる石灰石はセメントの原料でもあります。

[よう業の製造品出荷額割合]

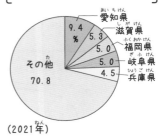

愛知県 9.4 %
滋賀県 5.3
福岡県 5.0
岐阜県 5.0
兵庫県 4.5
その他 70.8

（2021年）

〈2024年版「データでみる県勢」〉

よう業…陶磁器やセメント、ガラスなどをつくる産業。窯を使って焼いていたことから、よう（窯）業とよばれる。

陶磁器…陶器や磁器などのこと。岐阜県の美濃焼や愛知県の常滑焼などは伝統的工芸品に指定されている。

ファインセラミックス…よう業で生産される製品のうち、新しい機能や特色をもち、高い付加価値があるもの。ファインセラミックスは半導体や自動車部品など、さまざまな工業で活用されている。

毎日使うお茶碗から、自動車の部品まで、色々なところで使われているよ！

地図記号は昔からずっと変わっていないの？

ヒント 昔の地図を見たことある？

1 なにを熱心に見てるの？

バグモンのマップだよ！

2 これってなに？

これはアクティブモンスター出現のアイコン

3 じゃこれは？

宝箱ガチャのアイコン

4 パパが昔やってたゲームの面影はどこにもないんだな…

うぅぅ…

ポンポン

時代に合わせて変更したり、追加されたりします。

解説

地図記号とは、地図上で建物や道路、線路、土地の様子、市や町などの境界線を表すために用いられる記号です。

おもに**国土地理院**が発行している2万5000分の1の**地形図**で使われています。

地図記号は、時代の変化に合わせて、見直しが行われています。

地図記号

◎	市役所	⊕	保健所
○	町村役場	🏠	老人ホーム
⌂	官公署	卍	寺院
文	小・中学校	🌱	神社
⊗	高等学校	☼	工場
⊤	郵便局	☼	発電所・変電所
4	裁判所	📖	図書館
◇	税務署	血	博物館・美術館
Y	消防署	🌟	灯台
⊗	警察署	🏛	自然災害伝承碑
×	交番	𓊍	城跡
⊞	病院	♨	温泉

国土地理院…国土交通省に属し、土地の測量や地図の作成などを行っている。

地形図…土地の様子を表した地図。2万5000分の1や5万分の1など、さまざまな縮尺の地形図がつくられている。縮尺は実際の距離を縮めた割合で、縮尺の分母の数が小さいほど、よりくわしい地図になる。

等高線…地形図上に引かれている、同じ標高の地点を結んだ線。土地の高さや起伏を表している。

2019年には、自然災害伝承碑の地図記号がつくられたよ。

日本に「富士」とよばれる山はいくつあるの？

ヒント ①1 ②約200 ③約340 のどれかだよ。えっ、そんなに？

問^{とい} 日本に「富士」とよばれる山はいくつあるの？

③の約 340 です。
国内に少なくとも 340[※]ある
といわれています。

※静岡県公式 HP より

解説^{かいせつ}

富士山^{ふじさん}の姿^{すがた}に似^にているとされる地方^{ちほう}の山^{やま}には「○○富士^{ふじ}」という名前^{なまえ}がつけられていることがあります。これらを「郷土富士^{きょうどふじ}（故郷富士^{こきょうふじ}・ふるさと富士^{ふじ})」といいます。

富士山^{ふじさん}は、日本^{にほん}を代表^{だいひょう}する山^{やま}であることから、親^{した}しみをこめてよばれています。富士山^{ふじさん}はその美^{うつく}しさだけでなく、信仰^{しんこう}の対象^{たいしょう}とされていたことなどから、世界文化遺産^{せかいぶんかいさん}に登録^{とうろく}されています。

地図 群馬県^{ぐんまけん}　埼玉県^{さいたまけん}　長野県^{ながのけん}　山梨県^{やまなしけん}　東京都^{とうきょうと}　神奈川県^{かながわけん}　静岡県^{しずおかけん}　富士山^{ふじさん}

· ·

富士山^{ふじさん}…静岡県^{しずおかけん}と山梨県^{やまなしけん}に位置^{いち}する、日本^{にほん}でもっとも高^{たか}い山^{やま}。標高^{ひょうこう}は、3776 m。古^{ふる}くから、神^{かみ}の住^すむ山^{やま}として信仰^{しんこう}の対象^{たいしょう}であった。富士山^{ふじさん}は海外^{かいがい}からも、日本^{にほん}の象徴^{しょうちょう}として認識^{にんしき}されている。

世界遺産^{せかいいさん}…ユネスコ（国連教育科学文化機関^{こくれんきょういくかがくぶんかきかん}）によって、世界遺産条約^{せかいいさんじょうやく}にもとづいて登録^{とうろく}された遺産^{いさん}。文化遺産^{ぶんかいさん}、自然遺産^{しぜんいさん}、複合遺産^{ふくごういさん}に分^わけられる。1972 年^{ねん}に、世界遺産条約^{せかいいさんじょうやく}が採択^{さいたく}された。

日本^{にほん}の 世界遺産登録件数^{せかいいさんとうろくけんすう}	
文化遺産^{ぶんかいさん}	20 件^{けん}
自然遺産^{しぜんいさん}	5 件^{けん}

（2024 年^{ねん} 2 月現在^{がつげんざい}）

わたしたちが住^すむ地域^{ちいき}に、「富士^{ふじ}」がつく山^{やま}はあるかな？

「促成栽培」と「抑制栽培」は何がちがうの？

ヒント　どちらも、ある気候を生かして行われる農業だよ。

促成栽培は他の地域よりも早く収穫する栽培、
抑制栽培は他の地域よりも遅く収穫する栽培です。

解説 かいせつ

促成栽培は、高知平野や宮崎平野などで、冬でも暖かい気候を利用して行われます。ビニールハウスなどで野菜を栽培し、ほかの地域よりも早い時期に出荷します。

抑制栽培は、長野県や群馬県などの高原で、夏でも涼しい気候を利用して行われます。キャベツなどの高原野菜を栽培し、他の地域よりも遅い時期に出荷します。

抑制栽培
がさかん

嬬恋村 つまごいむら

ハ岳 やつがたけ

高知平野 こうちへいや

宮崎平野 みやざきへいや

促成栽培
がさかん

促成栽培…早づくりともいう。冬から春にかけて、夏が旬の野菜などを栽培する。冬でも温暖な地域では、ビニールハウスで使う暖房費が安くすむ。

抑制栽培…遅づくりともいう。高原野菜の栽培やきくの電照栽培などが含まれる。

きくの電照栽培…渥美半島（愛知県）や沖縄県などで行われている。夜間もきくに電灯を当てることによって、きくの開花時期を遅らせる栽培方法。抑制栽培の一つ。

[夜、きくに電灯を当てている様子]

他の地域の出荷量が少ない野菜は、高い価格で売ることができる

地理

中学受験

問題 28

「栽培漁業」と
「養殖業」は
何がちがうの？

ヒント どちらも、「育てる漁業」とよばれているよ。

1 栽培漁業も養殖漁業も「育てる漁業」だね

ぼくにもできるかな！

2 たくさん食べて大きくなるんだよ

3 数か月後

ぐんぐんぐん

4 だめだ、かわいくなっちゃって手放せないよ～～

おいおいおい

おいおい

105

栽培漁業は稚魚を海などに放流し大きくなってからとる漁業、養殖業はいけすなどで卵から成魚まで育て、出荷する漁業です。

解説

栽培漁業や養殖業は、**育てる漁業**ともよばれています。卵から稚魚になるまでは、自然界で生き残ることが難しいことから、**栽培漁業では、人工的に稚魚になるまで育て、川や海に放流することで、水産資源を保護しています。**
いっぽう、**養殖業は、成魚・成貝になるまで育てることで、水産物の安定した生産を行うことができます。**

[栽培漁業の流れ]

育てる漁業…栽培漁業や養殖業のこと。水産資源が減少するのを防ぎ、持続可能な漁業にするために、近年は育てる漁業が重視されている。

とる漁業…沿岸漁業、沖合漁業、遠洋漁業のこと。沿岸漁業は、小型船を使った日帰りの漁。沖合漁業は、10t 以上の船を使った数日がかりの漁。遠洋漁業は、大型船を用いて数か月がかりで行う漁で、太平洋やインド洋などで行う。

[種類別漁獲量と魚介類輸入量の推移]

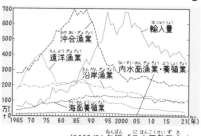

〈2023/24 年版「日本国勢図会」〉

世界文化遺産の白川郷・五箇山の合掌造りは、どうして屋根の角度が急なの？

ヒント　冬、どんな天候になる地域かな？

世界文化遺産の白川郷・五箇山の合掌造りは、どうして屋根の角度が急なの？

豪雪地帯のこの地域で、屋根に雪が積もりすぎてくずれ落ちないようにするためです。

解説 かいせつ

白川郷は岐阜県、五箇山は富山県に位置し、冬の季節風の影響を受けて大量の雪が降ります。1㎥の雪の重さは、新雪でも150kg、固まると500kgもの重さになることがあります。

そのため、雪の重みで屋根がくずれ落ちないように、手のひらを合わせたような急な角度の屋根をつくり、雪を積もらせにくくしています。

【合掌造り集落】

合掌造り…日本の住宅様式の一つで、急な角度の茅ぶき屋根をもつ。白川郷や五箇山などで見られる。急な角度の屋根は、雪下ろしの作業負担を軽減することにも役立つ。また、屋根裏は作業部屋になっている。

豪雪地帯…冬に大量の雪が積もる地域。日本では、北海道から中国地方にかけての日本海側が豪雪地帯である。大量の雪が降ると、交通機関が止まったり、なだれが発生したりすることもある。

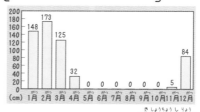

【白川の積雪の深さ（最大値）】

(cm)	1月	2月	3月	4月	5月	6月	7月	8月	9月	10月	11月	12月
	148	173	125	32	0	0	0	0	0	0	5	84

〈気象庁資料〉

冬の季節風が山地や山脈にぶつかることで、大量の雪が降る

日本（にほん）でとれる資源（しげん）には、おもにどんなものがあるの？

ヒント　オリンピックのメダルにも使（つか）われる貴重（きちょう）な資源（しげん）だよ。

問 とい

日本でとれる資源には、おもにどんなものがあるの？

日本では、金や銀などの鉱産資源が豊富にとれます。

解説 かいせつ

日本は、金や銀などの鉱産資源が豊富です。

17世紀には、世界で流通している銀の3分の1は日本製の銀だといわれており、当時の日本の重要な輸出品でした。

島根県の石見銀山は、もっとも古くからある銀山の一つで、世界文化遺産に登録されています。しかしいっぽうで、**現在日本は、石油や石炭、天然ガスをほ**とんど輸入にたよっており、エネルギー自給率は低くなっています。

佐渡金山 さどきんざん
生野銀山 いくのぎんざん
足尾銅山 あしおどうざん
石見銀山 いわみぎんざん
別子銅山 べっしどうざん

・・・

鉱産資源…石油や石炭、鉄鉱石、金、銀などの、地下から得られる資源。金属、非金属、エネルギー資源に分けられる。鉱産資源の埋蔵量は地域によって差があるため、資源をめぐる紛争なども起こっている。

エネルギー資源…石油、石炭、天然ガスなどの、エネルギー供給のもととなる資源。日本は、エネルギー資源のほとんどを輸入にたよっており、エネルギー自給率の低さが問題となっている。

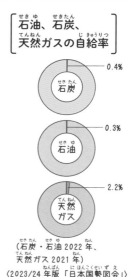

石油、石炭、天然ガスの自給率

石炭 ─ 0.4%

石油 ─ 0.3%

天然ガス ─ 2.2%

（石炭・石油 2022年、天然ガス 2021年）
〈2023/24年版「日本国勢図会」〉

　かつて日本は「黄金の国ジパング」とよばれていたことがある

「レアメタル」って何？

ヒント 「レア」と「メタル」、文字どおりの意味を考えると……？

希少（きしょう）な金属（きんぞく）のことです。

解説（かいせつ）

クロムやマンガン、コバルトなど、埋蔵量（まいぞうりょう）が少（すく）ないか、取（と）り出（だ）すのが技術的（ぎじゅつてき）に難（むず）しい金属（きんぞく）を、レアメタルといいます。

レアメタルは、電子機器（でんしきき）の部品（ぶひん）で用（もち）いられることが多（おお）く、IT 産業（さんぎょう）にはかかすことのできないものですが、生産地（せいさんち）にはかたよりがあります。

パソコンやスマートフォンなどの廃棄物（はいきぶつ）を都市鉱山（としこうざん）とよび、レアメタルの再利用（さいりよう）が行（おこ）われています。

[レアメタル生産量（せいさんりょう）の割合（わりあい）]

クロム　カザフスタン

南アフリカ共和国（みなみ・きょうわこく） 44.0%	トルコ 16.5	15.4	その他（た） 24.1

マンガン　オーストラリア

南アフリカ共和国（みなみ・きょうわこく） 35.8%	ガボン 21.6	16.2	その他（た） 26.4

コバルト　ロシア 4.4　オーストラリア 4.0

コンゴ民主共和国（みんしゅきょうわこく） 69.4%	その他（た） 22.2

（2021年）

〈2023/24 年版（ねんばん）「日本国勢図会（にほんこくせいずえ）」〉

. . . .

レアメタル…埋蔵量（まいぞうりょう）が少（すく）ないか、取（と）り出（だ）すのが難（むず）しい金属（きんぞく）。スマートフォンやテレビ、自動車（じどうしゃ）などに必要（ひつよう）。アフリカや中国（ちゅうごく）、ロシアなどにかたよって分布（ぶんぷ）し、レアメタルのうばい合（あ）いとなっている。

都市鉱山（としこうざん）…廃棄（はいき）された家電製品（かでんせいひん）などに使（つか）われているレアメタルを再生可能（さいせいかのう）な資源（しげん）とし、これらの家電製品（かでんせいひん）が集（あつ）まる都市（とし）を鉱山（こうざん）に見立（みた）てたもの。鉱産資源（こうさんしげん）の多（おお）くを輸入（ゆにゅう）にたよっている日本（にほん）では、重要（じゅうよう）なリサイクル資源（しげん）となっている。

[日本（にほん）の都市鉱山（としこうざん）の埋蔵量（まいぞうりょう）と世界（せかい）の埋蔵量（まいぞうりょう）に占（し）める割合（わりあい）]

金（きん）	6800t（16%）
銀（ぎん）	60000t（23%）

〈国立研究開発法人物質・材料研究機構（こくりつけんきゅうかいはつほうじんぶっしつ・ざいりょうけんきゅうきこう）〉

日（ひ）ごろ使（つか）っている家電製品（かでんせいひん）にも、色々（いろいろ）なレアメタルが使（つか）われているんだね。

「豊作貧乏」って何？

ヒント 豊作になると、そのあとどんなことが起こるか想像しよう。

問 とい
「豊作貧乏」って何？
ほうさくびんぼう　なに

野菜などが豊作で、
やさい　　　　　　　　ほうさく

大量に市場に出回って値段が
たいりょう　しじょう　でまわ　　ねだん

下がってしまい、
さ

利益が減ってしまうことです。
りえき　へ

解説
かいせつ

工業製品といった加工品とはちがっ
こうぎょうせいひん　　　　　　　　　かこうひん
て、収穫量をコントロールすること
しゅうかくりょう
が難しいのが農作物や水産物です。
むずか　　　　　　のうさくぶつ　すいさんぶつ
多くつくりすぎると、価格が下がり、
おお　　　　　　　　　かかく　さ
生産者の収入が減ってしまうので
せいさんしゃ　しゅうにゅう　へ
す。このことを、**豊作貧乏**といいま
ほうさくびんぼう
す。たくさん収穫できても、市場に
しゅうかく　　　　　　　しじょう
出さずに捨ててしまうことがあるの
だ　　　す
です。

食料自給率の低下や**食品ロス**なども問題になっていますが、収穫
しょくりょうじきゅうりつ　ていか　しょくひん　　　　　　もんだい　　　　　　　　　　　しゅうかく
量が多すぎると生産者は破棄せざるを得ないのです。
りょう　おお　　　　せいさんしゃ　はき　　　　え

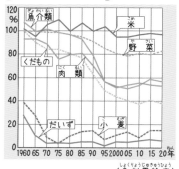

日本の食料自給率
にほん　しょくりょうじきゅうりつ

魚介類
ぎょかいるい
米
こめ
野菜
やさい
くだもの
肉類
にくるい
だいず
小麦
こむぎ

1960 65 70 75 80 85 90 95 2000 05 10 15 20年
ねん

〈食料需給表〉
しょくりょうじゅきゅうひょう

. . . .

豊作貧乏…豊作により農作物の価格が下落し、生産者の収入が減ること。
ほうさくびんぼう　ほうさく　　のうさくぶつ　かかく　げらく　せいさんしゃ　しゅうにゅう　へ
食料自給率…国内で消費されている食料のうち、国内で生産された割合。日本は食
しょくりょうじきゅうりつ　こくない　しょうひ　　　　しょくりょう　　　こくない　せいさん　　わりあい　にほん　しょく
　　　　　　料自給率が低く、食料の多くを輸入にたよっている。
りょうじきゅうりつ　ひく　しょくりょう　おお　ゆにゅう
食品ロス…まだ食べられる食品を捨ててしまうこと。日本では、1年に500万 t
しょくひん　　　　た　　　　しょくひん　す　　　　　　　　　にほん　　　　ねん　まんトン
　　　　　以上もの食料を捨ててしまっている。
いじょう　しょくりょう　す

魚が大量にとれてしまった
うお　たいりょう
ときも、同じように大漁貧
おな　　　　　たいりょうびん
乏になることがあるよ。
ぼう

戦後、家庭に家電製品が取り入れられたことで、日常生活にどんな変化があったの？

ヒント　家電製品は、おもに何のために使う？

戦後、家庭に家電製品が取り入れられたことで、日常生活にどんな変化があったの？

そうじや洗濯などが効率化され、日常生活の家事の負担が軽くなりました。

解説

1950年代後半から、電気洗濯機や電気冷蔵庫、電気掃除機などの家電が広まり、洗濯、料理、そうじなど、家事にかかる時間が短くなっていきます。

1980年ごろには、ほぼすべての家庭で、電気洗濯機や電気冷蔵庫、電気掃除機が使われるようになりました。生活が便利になることで、時間にゆとりが生まれ、**女性の社会進出**が進みました。

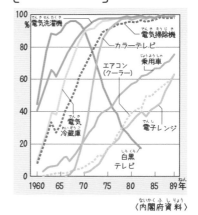

[電化製品の普及]

〈内閣府資料〉

家電…家庭用電化製品のこと。1950年代後半からは三種の神器とよばれる電気洗濯機、電気冷蔵庫、白黒テレビが広まり、1960年代後半からは3Cとよばれるカラーテレビ、クーラー、車が一般家庭に広まった。

女性の社会進出…女性が社会に出て働くこと。女性の社会進出が進むいっぽうで、男女の賃金格差や管理職につく女性が少ないなど、さまざまな課題が残されている。

家電を使うようになって、どれくらい家事の時間が短くなったのかな？

1950年代（ねんだい）よりも前（まえ）に、1～3月生（がつう）まれの人（ひと）が多（おお）いのはなぜ？

ヒント　1950年以前（ねんいぜん）の人々（ひとびと）の多（おお）くは農業（のうぎょう）に従事（じゅうじ）していたよ。

答え | 問 1950年代よりも前に、1〜3月生まれの人が多いのはなぜ？

農家がいそがしくない時期に
出産する家が多かったからです。

解説

1950年代よりも前は、高度経済成長がはじまっておらず、まだ農業をして働いていた人が多い時代でした。母親も農業をしていたため、**農業のいそがしい時期に出産することは難しく、農閑期とよばれる1月から3月にかけて産む人が多かった**といわれています。

[稲作のカレンダー]

3月	4月	5月	6月	7月	8月	9月	10月
種もみを選ぶ	種まき たい肥をまく 田おこし 共同作業の計画づくり	代かき なえを育てる 田植え	稲の生長を調べる 水の管理 除草さいをまく 田植え みぞをほる	農薬をまく	穂が出る	稲かり だっこく 稲かりの計画づくり	出荷前にもみすりをする かんそう カントリーエレベーターに運ぶ 稲かり

・・

農閑期…冬から春にかけて、1年の中で、農作業が少ない時期。とくに冬に雪が多く降る日本海側の地域では、冬は農業ができないことから、1年に1回米のみをつくる水田単作地帯となっている。

水田単作地帯…麦や野菜など、ほかの農作物を育てず、稲作だけを行っている地域。日本海側の豪雪地帯で多く見られる。

田植えや稲かりは何月ごろに行っているのかな？

邪馬台国の卑弥呼は、どのように国をまとめていたの？

ヒント　今の政治で行われている話し合いとはちがうよ。

答え

問 邪馬台国の卑弥呼は、どのように国をまとめていたの？

占いや祭祀※により
国をまとめていたと
されています。

※神や祖先をまつること

解説

邪馬台国は、3世紀ごろの倭（日本）にあったとされる国です。**邪馬台国の女王卑弥呼は、占いや祭祀によって政治をとりしきっていました。**

古代の日本において、祭祀は政治の重要な機能の一つでした。現在もなお、天皇陛下の重要な仕事に「宮中祭祀」という、国民の幸せをいのるものがあります。

「魏志」倭人伝

邪馬台国は、もともと男の王が治めていたが、国が乱れると女の卑弥呼を王とした。卑弥呼はまじないによって、人々を従えた。
（一部要約）

邪馬台国…3世紀ごろ、倭（日本）にあったとされる国。邪馬台国の場所は、九州説と近畿（奈良盆地）説がある。中国の歴史書である『魏志』倭人伝では、邪馬台国について書かれている部分がある。

卑弥呼…邪馬台国の女王。占いで政治をし、30ほどの小国を治めていたと考えられている。中国の魏に使いを送り、「親魏倭王」の称号や金印などを授けられた。

[3世紀の東アジア]

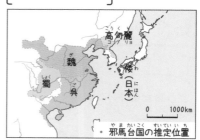

邪馬台国の推定位置

0   1000km

当時は、動物の骨を焼いてできたヒビの形で占っていた

聖徳太子が、十七条の憲法や冠位十二階を定めたのはどうして？

ヒント　権力をだれかに集めようとしたよ。

答え

問
聖徳太子が、十七条の憲法や冠位十二階を定めたのはどうして？

豪族同士の争いが続いていたため、
国の権力を天皇に集めて
国をまとめようとしたからです。

解説

当時の日本では、**豪族**同士の激しい争いが起こっていました。そこで、**聖徳太子**は、**蘇我馬子**と協力して、大王（天皇）中心の政治をめざしました。

聖徳太子は、**十七条の憲法**によって天皇を中心とした国のあり方と役人の心がまえを示し、**冠位十二階**によって家柄にとらわれず、才能ある人を取り立てようとしました。また、遣隋使を派遣し、大陸の進んだ文化を日本に取り入れていました。

十七条の憲法

一に曰く、和をもって貴しとなし、争うことなきを宗とせよ。
二に曰く、あつく三宝を敬え。
三に曰く、詔を承りては必ず謹め。

・・

豪族…各地域で、富や権力をもつ有力者。

聖徳太子…推古天皇のおいで、推古天皇の摂政（天皇の補佐）となった。冠位十二階の制度や十七条の憲法を定め、小野妹子らを隋に派遣した。また、聖徳太子が建立した法隆寺は、現存する世界最古の木造建築である。

蘇我馬子…対立していた物部氏をたおして勢力を強め、聖徳太子とともに大王（天皇）中心の政治をめざした。

法隆寺

聖徳太子と蘇我馬子は、仏教を日本に取り入れようとしていた

問題 05

どうして、平城京を遷都（都を移すこと）することになったの？

ヒント 都をほかの場所に移すことで何が変わる？

問 どうして、平城京を遷都（都に移すこと）することになったの？

天皇の政治に対して、仏教勢力からの干渉が大きくなったからと言われています。

解説

遷都とは、都を別の場所へ移すことです。

仏教が重んじられていた奈良時代、**聖武天皇**は仏教によって国を守ろうとしていました。その結果、奈良時代の終わりごろには、**仏教勢力が政治にまで口出しをするようになって**いました。

そこで**桓武天皇**は、平城京に寺院を残したまま、784年に長岡京、794年に平安京へと都を移し、政治を立て直そうとしました。

[都の移り変わり]

■ 都の跡
(数字)都があった年
①〜⑧ 都が造られた順

⑧ 平安京 京都
(794〜1868)
① 大津宮
(667〜672)
⑦ 長岡京
(784〜794)
⑥ 紫香楽宮
(745)
④ 恭仁京
(740〜744)
東海道
大阪 奈良
⑤ 難波宮
(645〜744)
③ 平城京
(710〜784)
大阪湾 ② 藤原京
(694〜710)
20km
━━ 古道 ── 古代の海岸線

・・・

平城京…710年〜784年の都。唐の都長安にならって、碁盤の目のように土地が区画された。

聖武天皇…奈良時代の天皇。仏教によって国を守ろうと、平城京に東大寺を、国ごとに国分寺・国分尼寺を建てた。また、人口増加によって田が不足したことから、墾田永年私財法を制定した。

桓武天皇…桓武天皇が平安京へと都を移し、平安時代がはじまった。東北地方の蝦夷をたおすために、坂上田村麻呂を征夷大将軍に任命した。

[東大寺の大仏]

聖武天皇のころには、伝染病が流行し、ききんが起こっていた

歴史
問題 06
6年生

平安時代、藤原氏は
どうやって権力を
大きくしたの？

ヒント 武力以外の方法だよ。

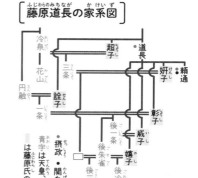

答え

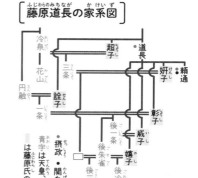

自分のむすめを皇太子や天皇の后として送りこむことで、結びつきを強めていきました。

解説

11世紀前半、**藤原道長**は、4人のむすめを天皇の后としました。そして、**生まれた子どもを次の天皇にたて、天皇が小さいときには摂政、成人したあとは関白の地位を独占する**ことで、**大きな権力をにぎりました。**摂政・関白になって政権をとることを「摂関政治」といいます。藤原道長・頼通の時代に、摂関政治は最盛期をむかえました。

[藤原道長の家系図]

・・・

藤原道長…4人のむすめを天皇の后にし、生まれた子を次の天皇にたて、その親族として権力をにぎった。「この世をば我が世とぞ思う望月の欠けたることもなしと思えば」という和歌をよんだ。

[平等院鳳凰堂]

摂政・関白…摂政は、天皇が幼いときや女性の場合に、天皇のかわりに政治を行う役職。関白は、成人した天皇の補佐を行う役職。摂政や関白によって行われる政治を、摂関政治という。

藤原頼通…藤原道長の息子。浄土信仰をあつく信仰し、平等院鳳凰堂を建立した。

源頼朝はどうして、平清盛より格下の征夷大将軍になりたがったの？

ヒント 太政大臣と征夷大将軍とのちがいはどこにあるかな？

朝廷とは別で政治を行いたかったからです。
ちょう てい　　　　　べつ　　　せい じ
おこな

解説
かい せつ

平 清盛は、律令制における政治の最高の
たいらのきよもり　　　　りつりょうせい　　　　　　　　　せい じ　さいこう
位である太政大臣につき、富や権力を独
くらい　　　　だ じょうだいじん　　　　　　　　とみ　けんりょく　どく
占しましたが、武士や貴族の反感を買い
せん　　　　　　　　　ぶ し　　き ぞく　はんかん　か
ました。
1185 年に平氏がほろびると、源 頼朝は
ねん　　へい し　　　　　　　　　みなもとのよりとも
鎌倉に幕府を開き、武士による政治をは
かまくら　ばく ふ　ひら　　　ぶ し　　　　　せい じ
じめました。頼朝は、守護と地頭を全国
よりとも　　　しゅ ご　じ とう　ぜんこく
に置き、武士の最高位である征夷大将軍
お　　　ぶ し　　さいこう い　　　せい い たいしょうぐん
につくことで、朝廷とは別の支配体制をつくりました。
ちょうてい　　　べつ　し はいたいせい

[鎌倉幕府のしくみ]
かまくらばく ふ

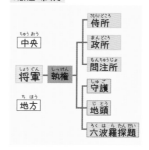

平 清盛…平安時代末期の武士。保元の乱や平治
たいらのきよもり　へいあん じ だいまっき　ぶ し　ほうげん　らん　へい じ
の乱に勝利したあと、武士としてはじ
らん　しょうり　　　　　　ぶ し
めて太政大臣についた。自分のむすめ
だいじょうだいじん　　　　　じ ぶん
を天皇の后とし、生まれた子を次の天
てんのう　きさき　　　う　　　こ　つぎ　てん
皇とすることで実権をにぎった。
のう　　　　　　　じっけん

源 頼朝…1185 年、壇ノ浦の戦いで平氏をほろ
みなもとのよりとも　　ねん　だんのうら　たたか　へい し
ぼした。国ごとに守護、荘園・公領ご
くに　しゅ ご　しょうえん　こうりょう
とに地頭を置いて全国を支配し、1192
じ とう　お　ぜんこく　し はい
年には征夷大将軍に任命された。御家
ねん　　せい い たいしょうぐん　にんめい　　　ご け
人（将軍に仕える武士）と御恩と奉公
にん　しょうぐん　つか　ぶ し　ご おん　ほうこう
の関係を結んだ。
かんけい　むす

[御恩と奉公]
ご おん　ほうこう

平 清盛は、藤原氏と
たいらのきよもり　ふじわら し
同じような政治をし
おな　　　　せい じ
たんだね。

問題08

元寇は、鎌倉幕府と将軍に仕える御家人にどんな影響をあたえたの?

ヒント　幕府のために戦ったのは御家人なのだけど…。

元の軍と戦った御家人は、十分なほうびを得ることができず、幕府に対して不満を持つようになります。

解説

元寇とは、元が二度にわたって九州北部に兵を送りこみ、日本を侵略しようとしたできごとのことです。

このときは九州の御家人の活躍によって、元軍を退けることができました。戦いのために多くの費用を使った御家人たちに対して、**幕府は十分な恩賞（功績をたたえるための金品や地位）をあたえることができなかったため、御家人は幕府に大きな不満を持つようになりました。**

【元軍の進路】

高麗
合浦（今の馬山）

‐‐‐‐ 石築地（元寇防塁）
← 文永の役の元軍進路
← 弘安の役の元軍進路

0　　100km

対馬
玄界灘
壱岐
下関
日本
博多（今の福岡）
平戸
鷹島
大宰府

・・

元寇…元のフビライ＝ハンが日本を従えようと使者を送ってきたが、鎌倉幕府の執権北条時宗がこれを無視したため、1274年（文永の役）と1281年（弘安の役）の二度にわたって、元軍が九州北部を攻めた。集団戦法や火薬の使用などで日本軍は苦しめられたが、御家人の活躍と暴風雨によって、元軍は撤退した。

御恩…将軍が御家人の領地を保護し、新しい領地をあたえること。

奉公…御家人が、京都や鎌倉の警護のほか、戦いが起こったときに将軍のために戦うこと。

日本は元から領土をうばっていなかったため、御家人に新しい領地をあたえられなかった

後醍醐天皇がはじめた建武の新政は、なぜ失敗したの？

ヒント　建武の新政で行われたあることに武士の不満が集まったよ。

後醍醐天皇が、武士にほうびや役職をあたえなかったことに対し、武士たちが不満を持ったからです。

解説
かいせつ

後醍醐天皇は、鎌倉幕府に不満を持つ御家人とともに鎌倉幕府をたおし、天皇中心の政治をめざして、建武の新政をはじめました。

しかし、**後醍醐天皇は、武士たちを重要な役職につかせず、貴族を重視した**ため、武士が不満をもつようになりました。その後、足利尊氏が兵を集めて戦いを起こしたことで、建武の新政は失敗し、**南北朝時代**をむかえました。

> **二条河原に立てられた**
> にじょうがわら　た
> **政治批判の落書**
> せいじひはん　らくしょ
>
> このごろ都ではやっているもの
> みやこ
> 夜討ち・強盗・にせの天皇の命令。
> ようう　ごうとう　　　　てんのう　めいれい
> 囚人、早馬、わけもない騒ぎ
> しゅうじん　はやうま　　　　　　　さわ
> （一部要約）
> いちぶようやく

後醍醐天皇…鎌倉幕府をほろぼし、天皇を中心とした新しい政治（建武の新政）をはじめた。建武の新政が失敗したあとは、吉野（奈良県）に逃れた。

足利尊氏…後醍醐天皇とともに鎌倉幕府をたおしたが、のちに対立。室町幕府を開いた。

南北朝時代…朝廷が南朝と北朝に分かれて対立した時代。後醍醐天皇を中心とする吉野の朝廷を南朝、足利尊氏が立てた京都の朝廷を北朝という。1392年、足利義満によって、南北朝が統一された。

京都

吉野

どうして金閣は、あんなに豪華絢爛な見た目なの？

ヒント 豪華なお寺を見た人は、どんなことを感じるかな？

どうして金閣は、あんなに豪華絢爛な見た目なの？

金閣を建立した足利義満が、自分の財力と権力を示すため
と考えられています。

解説

金閣は、室町幕府の3代将軍足利義満が、京都の北山に建てた別荘です。足利義満は、征夷大将軍を子の義持に譲って太政大臣につき、絶大な権力をもちました。

足利義満は、日本国王として日明貿易（勘合貿易）をさかんに行うことで、非常に大きな利益を得ていました。足利義満は、**日明貿易で得た財力で金閣を建て、その権力を人々に知らしめました。**

[金閣]

金閣…足利義満が京都の北山に建てた別荘。貴族と武士の文化が混じりあった特色をもつ。

足利義満…室町幕府3代将軍。京都の室町に花の御所をつくった。征夷大将軍と太政大臣となった。明から求められ、倭寇（海賊）を取り締まり、日明貿易（勘合貿易）をはじめた。

日明貿易（勘合貿易）…正式な貿易船に証明書となる勘合を持たせて行った。日本は、刀や硫黄、銅などを輸出し、明からは銅銭や生糸、絹織物などを輸入した。

[勘合のしくみ]

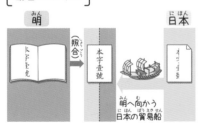

明　　　　　日本

（照合）

本字壹號

明へ向かう
日本の貿易船

金閣には、書院造という、禅宗とともに宋から伝わった建築様式が使われた

問題 11

織田信長は、天下統一をめざして何をしたの？

ヒント 強い軍隊をつくるために必要な行動だよ。

問
織田信長は、天下統一をめざして何をしたの？

商業をさかんにして
経済力を高め、そのお金で得た
鉄砲でほかの大名をたおして
勢力を広げていきました。

解説

織田信長は、もともとは尾張（愛知県）の小大名でした。今川義元を桶狭間の戦いで破って勢力を広げ、室町幕府をほろぼしたあと、政治の実権をにぎりました。

[織田信長の支配領域]

1582年ごろ

京都　安土

長篠の戦い(1575年)
桶狭間の戦い(1560年)

0　　200km

長篠の戦いでは、**大量の鉄砲を使って、武田氏を破りました。**また、**関所を廃止したり、楽市楽座を行ったりして、商業をさかんにし、経済を活性化させました。**

・・・

織田信長…尾張の国の戦国大名。桶狭間の戦いや長篠の戦いを経て、勢力を広げた。足利義昭を室町幕府の15代将軍にしたが、のちに追放して幕府をほろぼした。安土城を建て、城下で楽市楽座を実施した。

桶狭間の戦い…1560年、織田信長が今川義元を破った戦い。この戦いによって、織田信長の名が知られるようになった。

楽市楽座…織田信長が安土城下で行った、市での税金を免除し、同業者組合である座を廃止した政策。

[楽市令]

この安土は楽市としたので、色々な座は廃止し、税や労役は免除する。
（一部要約）

天下統一を目前にして本能寺の変が起こり、織田信長は自害した

江戸時代は、どうして260年もの長い間続いたの？

ヒント　たまたま平和だったからじゃなくて、理由があるよ。

1 長生き長老さま、いったい何年この景色を見てきたの？

2 そうじゃな、ざっと1000年は見たかな…
侍がそのへんにいた江戸時代だって知っとるぞ

3 すごい！じゃあぼくのご先祖さまも知ってる？
もちろんじゃ

4 おまえのひいひいひいひいひいひいひいひい……………
長すぎて寝ちゃった…

江戸幕府が、全国の大名に財力と権力を持たせないようにして、強い立場に立っていたからです。

解説

江戸幕府は、全国の石高（当時の土地の値打ち）の約4分の1をもっていただけではなく、全国の主要都市や鉱山を直接支配して、収入源にしていました。さらに貿易を独占することで、**ほかの大名よりも圧倒的な経済力を持っ**ていました。

また、**武家諸法度**に定められた**参勤交代**の制度によって、大名に1年ごとの領地と江戸との往復を義務づけました。

これにより、大名に経済的な負担がかかることになります。

[領土の割合]

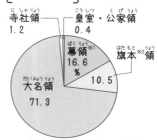

寺社領 1.2
皇室・公家領 0.4
幕領※1 16.6%
旗本※2領 10.5
大名領 71.3

※1 幕府が直接支配する領土
※2 領地が1万石に満たないが将軍に直接会える家臣

〈吹塵録〉

- -

大名…1万石以上の領地をあたえられた武士。徳川氏の一族である親藩、関ヶ原の戦い以前からの家臣である譜代大名、関ヶ原の戦い以後に従った外様大名に分けられる。

武家諸法度…江戸幕府が、大名を統制するために制定した法。徳川家光によって参勤交代の制度が追加された。

参勤交代…大名に、1年ごとに領地と江戸との往復を義務づけ、大名の妻子を江戸に住まわせた制度。参勤交代にかかる費用は、大名が支払わなければならなかった。

[武家諸法度]

一　大名は毎年4月中に江戸へ参勤すること。

一　新しい城をつくってはいけない。

一　大名は勝手に結婚してはいけない。

（一部要約）

大阪が「天下の台所」とよばれるのはなぜ？

ヒント　大阪に飲食店が多いからではないよ。

大阪にあった大名の蔵屋敷に全国から年貢米が集められ、売買されたことで、経済の中心地となっていたからです。

解説

江戸時代、大阪は全国一の商業都市でした。各地から集められた年貢米や特産物が藩の蔵屋敷に置かれ、商人によって売りさばかれたあと、江戸などの大消費地に送られていました。

米を現金にするには、もっとも有利な土地であったことから、**どんどん物資が集まるようになり、経済の中心地となりました。**

年貢…大名が農民などから取り立てる税のこと。江戸時代までは、年貢はおもに米によって納められた。江戸時代は、人口の約8割を農民が占めていたことから、農民の納める税が武士の生活を支えていた。

蔵屋敷…年貢米や特産物を売るために置かれた倉庫で、取引所でもあった。大阪で取り引きされた年貢米などは菱垣廻船で、しょうゆや酒などは樽廻船によって、江戸へ運ばれた。

[江戸時代の人口の割合]

百姓や町人とは別に、身分上
厳しく差別されてきた人々 1.5%

町人 5%

武士 7%

公家、僧、
神官など
1.5%

百姓
85%

江戸時代には、江戸・大阪・京都が三都とよばれ、発展していました。

大阪や京都は「府」なのに、どうして奈良は「府」じゃないの？

ヒント　昔、東京も府だったよ。

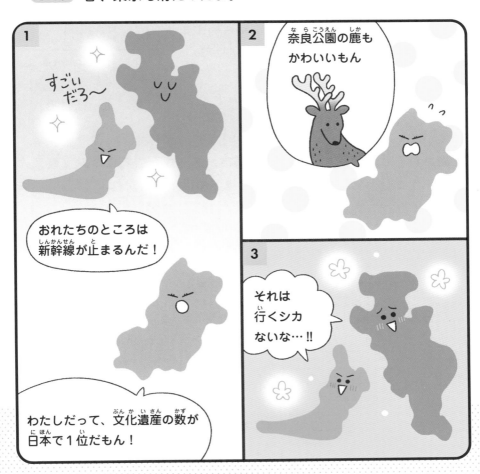

問
とい

大阪や京都は「府」なのに、どうして奈良は「府」じゃないの？
おおさか きょうと ふ な ら ふ

明治時代の最初は奈良府でしたが、
めいじじだい さいしょ ならふ

廃藩置県により東京府・大阪府・
はいはんちけん とうきょうふ おおさかふ

京都府以外の地域には
きょうとふ いがい ちいき

県が置かれました。
けん お

解 説
かいせつ

実は現在の奈良県は、1868 年から約 1 年
じつ げんざい ならけん ねん やく ねん
間、「奈良府」とよばれている時期があり
かん ならふ じき
ました。

明治時代がはじまった直後は、江戸時代
めいじじだい ちょくご えどじだい
の制度を受けついで、府・県・藩が置かれ
せいど ふ けん はん お
ていました。1871 年、中央集権国家をめざして、廃藩置県が実
ねん ちゅうおうしゅうけんこっか はいはんちけん じっ
施されると、江戸時代に重要な都市があったところに 3 府（東京
し えどじだい じゅうよう とし ふ とうきょう
府・大阪府・京都府）が、残りの地域には県が置かれました。
ふ おおさかふ きょうとふ のこ ちいき けん お

府県の数の変化

1871 年 7 月	3 府 302 県
1871 年 11 月	3 府 72 県
1888 年	3 府 43 県

明治維新…江戸幕府がたおされ、明治時代のはじめまでの一連の改革とそれにとも
めいじいしん えどばくふ めいじじだい いちれん かいかく
なう社会の変化のこと。大政奉還のあと、近代化をめざして、さまざま
しゃかい へんか たいせいほうかん きんだいか
な改革が行われた。
かいかく おこな

大政奉還…1867 年、江戸幕府の 15 代将軍徳川慶喜が、朝廷に政権の返上を申し
たいせいほうかん ねん えどばくふ だいしょうぐんとくがわよしのぶ ちょうてい せいけん へんじょう もう
出たこと。これにより江戸時代が終わった。
で えどじだい お

廃藩置県…1871 年、それまでの藩を廃止して府・県を置き、中央から府知事・県
はいはんちけん ねん はん はいし ふ けん お ちゅうおう ふちじ けん
令を派遣した政策。これによって、政府の役人が各地を治めるようになっ
れい はけん せいさく せいふ やくにん かくち おさ
た。

明治維新のころには、天皇
めいじいしん てんのう
中心の政治をめざした改革
ちゅうしん せいじ かいかく
が行われていたよ。
おこな

「つまらない」もののことを
「くだらない」と
言うのはなぜ？

ヒント　江戸時代、大阪や京都を何とよんでいた？

江戸時代に上方（大阪や京都）でつくられた酒のうち、よい酒は江戸へ「下り」、悪い酒は「下らなかった」からといわれています。

解説

江戸時代には、大阪や京都は、「上方」とよばれ、上方から江戸へ運ばれるものは、「くだりもの」とよばれていました。

上方でつくられた上等な酒は江戸への「くだりもの」となり、質のよくない酒は江戸に送ることができないので、「くだらないもの」とよばれました。このことから、つまらない、取るに足らないことを「くだらない」というようになりました。

[江戸と大阪を結ぶ街道と航路]

― 五街道
― 南海路

日光道中　白河
京都　中山道　日光
大阪　奥州道中
東海道　江戸
南海路　甲州道中
（大阪〜江戸）

・・

上方…江戸時代における、京都や大阪周辺のこと。江戸のまちが発展するまでは、日本の経済や文化の中心地だった。

元禄文化…17世紀末から18世紀はじめにかけて、上方を中心に栄えた町人文化。町人の日常をえがいた文学作品や絵画が見られる。当時の年号をとって、元禄文化とよばれている。

[元禄文化を代表する人物]

分野	作者
浮世草子	井原西鶴
人形浄瑠璃	近松門左衛門
俳諧	松尾芭蕉
装飾画	尾形光琳
浮世絵	菱川師宣

江戸時代は社会が安定して都市が発展したことで、文化も栄えた

織田信長はどうして、戦国最強といわれた武田騎馬隊に勝利できたの?

ヒント　ある武器の使い方が上手だったからだよ。

問 織田信長はどうして、戦国最強といわれた武田騎馬隊に勝利できたの？

豊富な資金を持ち、持っていた
大量の鉄砲を有効に
活用する方法を知っていたからです。

解説

長篠の戦い

鉄砲の伝来により、**戦国時代**の戦い方は変化しました。1575年、織田信長は徳川家康とともに、**長篠の戦い**で武田勝頼を破りました。織田信長は、もともと堺などの鉄砲の生産地を統治下に置き、大量の鉄砲を保有していました。**長篠の戦いでは、騎馬隊の突進を防ぐ柵をつくり、足軽の鉄砲隊に効率的に発砲させる戦法で勝利しました。**

戦国時代…応仁の乱（1467年）のあとの約100年間、各地の有力な大名が争った時代。下剋上の風潮が広がった。

下剋上…身分が下の者が、身分が上の者を実力でたおし、権力をにぎろうとする風潮。

長篠の戦い…1575年、織田信長と徳川家康の連合軍が、武田勝頼を破った戦い。織田・徳川連合軍は、大量の鉄砲を使用し、この戦い以後、鉄砲が戦いの主要な武器となっていった。

[各地のおもな戦国大名]

- □ 守護大名から戦国大名になったもの
- ■ 守護大名の家来や地方の有力武士などから戦国大名になったもの

最上　伊達　上杉　佐竹　斎藤　朝倉　尼子　浅井　武田　毛利　京都　小田原　北条　龍造寺　今川　三好　織田　六角　大友　長宗我部　島津

キリスト教を日本に最初に伝えたイエズス会は、何語で教えを広めたの？

ヒント ①スペイン語 ②ポルトガル語 ③日本語 のどれかだよ。

キリスト教を日本に最初に伝えたイエズス会は、何語で教えを広めたの？

日本語です。

解説

1549年、**イエズス会**宣教師**フランシスコ＝ザビエル**が、日本に**キリスト教**を伝えました。

ザビエルは、はじめマレーシアのマラッカで出会った日本人を通訳にしていました。しかし、鹿児島で日本語を勉強することをすすめられると、熱心に勉強して、日本語とポルトガル語の辞典を完成させました。この辞典は当時の日本語のことを伝える貴重な資料となっています。

[ザビエルがたどったルート]

← ザビエルの伝道路（推定）

博多 山口 広島 岡山 京都
平戸 府内 大阪 堺
長崎 鹿児島 種子島
坊津

ザビエルがキリスト教を伝える 1549年

ポルトガル人が鉄砲を伝える 1543年

....

イエズス会…1534年、フランシスコ＝ザビエルらによって設立された。世界各地にキリスト教を布教するために活動していた。

フランシスコ＝ザビエル…スペイン人で、イエズス会の宣教師。1549年、鹿児島に上陸し、日本にキリスト教を伝えた。

キリスト教…イエスを救世主として信じる宗教。カトリックやプロテスタントなどの宗派に分かれる。世界でもっとも信仰する人が多く、ヨーロッパや南北アメリカなど、世界各地で信仰されている。

[世界の宗教人口割合]

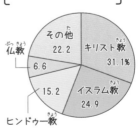

その他 22.2
仏教 6.6
ヒンドゥー教 15.2
イスラム教 24.9
キリスト教 31.1%

〈2023/24年版「世界国勢図会」〉

長崎などには、たくさんのキリスト教の遺産が残っているね。

問題 18

鉄砲が種子島に伝えられてから、国内に一気に広がったのはどうして？

ヒント　ほかの国から大量に持ちこむことはできないなら……？

問 鉄砲が種子島に伝えられてから、国内に一気に広がったのはどうして？

日本人が自前で鉄砲をつくれるようになったからです。

解説

1543年、**鉄砲が種子島**にはじめて伝わりました。種子島時堯は、高価だった鉄砲を2丁購入し、それをまねたものを職人につくらせました。

砂鉄がとれた種子島では、鉄砲の原料の鉄が豊富だったため、鉄砲をつくる技術が発達しました。当時の鉄砲は、「種子島銃」とよばれることもあります。

鉄砲をつくる技術は、その後、堺（大阪府）に伝わり、国友（滋賀県）や根来（和歌山県）などへ広がっていきました。

鉄砲…1543年、種子島に漂着した中国船に乗っていたポルトガル人によって伝来した。堺や国友などで生産された。当時の鉄砲は、火縄で火薬に点火して、弾を発射する火縄銃である。

[**鉄砲（火縄銃）**]

種子島…鹿児島県に位置する島。鉄砲が伝来した地であり、日本ではじめてさつまいもの栽培に成功した島でもある。現在は、種子島宇宙センターが置かれ、日本最大のロケット発射場となっている。

鉄砲が伝来してからわずか8か月で、はじめての国産銃が完成したよ。

江戸時代（えどじだい）の譜代大名（ふだいだいみょう）に愛知県（あいちけん）の三河地方（みかわちほう）（愛知県東部（あいちけんとうぶ））出身（しゅっしん）が多（おお）いのはどうして？

ヒント 譜代大名（ふだいだいみょう）はいつから徳川氏（とくがわし）に仕（つか）えていた？

1
江戸時代（えどじだい）の有名人（ゆうめいじん）といえば、徳川家康（とくがわいえやす）

実（じつ）は名前（なまえ）が4回（かい）も変（か）わっているんだ

そんなに!?

2
幼（おさな）いころは竹千代（たけちよ）

1 → 2 →

14歳（さい）で元服（げんぷく）してからは松平元信（まつだいらもとのぶ）

3
その後（ご）、祖父松平清康（そふまつだいらきよやす）の「康」からとって松平元康（まつだいらもとやす）

3 →

桶狭間（おけはざま）の戦（たたか）いから松平家康（まつだいらいえやす）

4
最後（さいご）に、名字（みょうじ）を変（か）えて徳川家康（とくがわいえやす）だよ

出世魚（しゅっせうお）みたい！

151

問 江戸時代の譜代大名に愛知県の三河地方（愛知県東部）出身が多いのはどうして？

徳川氏が三河の地方大名だったころから仕えてきた武将を
譜代大名として、
全国の要所に配置したからです。

解説

徳川家康は、三河国岡崎城主の子として生まれました。幼いころは他国で人質として暮らしましたが、織田信長と手を組むと、三河国を拠点として勢力を広げていきました。

このころに徳川家康を支えた家臣は三河武士ともよばれ、徳川家康の忠実な家臣でもありました。彼らは、徳川四天王とともに、徳川家康の天下統一に向けて活躍しました。

徳川家康…三河国出身の戦国大名。幼少期は織田氏や今川氏の人質となる。清州同盟で織田信長と手を結んで勢力を拡大し、1575年には長篠の戦いで武田氏を破る。1600年、関ヶ原の戦いに勝利すると、征夷大将軍に任命され、江戸幕府初代将軍となった。

［徳川家康］

関ヶ原の戦い…徳川家康が東軍、石田三成が西軍を率いて戦った、天下分け目の戦い。

徳川四天王…徳川家康に重要な役目をあたえられた、酒井忠次、本田忠勝、榊原康政、井伊直政の4人の側近のこと。

江戸時代になってからも、昔からの家臣が助けてくれていたんだね。

外様大名が江戸から遠い不便な場所に配置されたのはどうして？

ヒント 外様大名はいつから徳川氏に仕えていた？

もともと徳川家の家臣ではなかったことから、幕府に警戒されていたためです。

解説

外様大名（とざまだいみょう）は、関ヶ原（せきがはら）の戦い以降に徳川氏（とくがわし）に従（したが）った大名です。外様大名となる前は、長（なが）らく徳川家と敵対（てきたい）していたので、江戸（えど）の近くに置（お）くことを警戒（けいかい）されました。そのため、江戸（えど）から遠（とお）く離（はな）れた土地（とち）に配置（はいち）されたのです。

また、参勤交代（さんきんこうたい）の制度（せいど）が定（さだ）められると、非常（ひじょう）に多（おお）くの金（かね）が必要（ひつよう）になり、力（ちから）を蓄（たくわ）えられないようになりました。

[おもな大名（だいみょう）の配置（はいち）]

- 50万石以上（まんごくいじょう）
- 30〜50万石未満（まんごくみまん）
- 10〜30万石未満（まんごくみまん）
- 親藩（しんぱん）
- 譜代大名（ふだいだいみょう）
- 外様大名（とざまだいみょう）

松平（まつだいら）（福井（ふくい））　前田（まえだ）　伊達（だて）　黒田（くろだ）　細川（ほそかわ）　島津（しまづ）　徳川（とくがわ）（和歌山（わかやま））　徳川（とくがわ）（名古屋（なごや））　江戸（えど）　徳川（とくがわ）（水戸（みと））

0　200km

・・・

幕藩体制（ばくはんたいせい）…江戸時代（えどじだい）の政治支配体制（せいじしはいたいせい）。藩（はん）は、大名（だいみょう）が領地（りょうち）を支配（しはい）するしくみのこと。幕府（ばくふ）と大名（だいみょう）が治（おさ）める藩（はん）によって、全国（ぜんこく）の土地（とち）と人民（じんみん）が支配（しはい）された。

外様大名（とざまだいみょう）…関ヶ原（せきがはら）の戦い以降（いこう）に徳川氏（とくがわし）に従（したが）った大名（だいみょう）。外様大名（とざまだいみょう）には、加賀（かが）の前田氏（まえだし）や薩摩（さつま）の島津氏（しまづし）、仙台（せんだい）の伊達氏（だてし）など、石高（こくだか）が高（たか）いものもいた。

[大名（だいみょう）と家臣（かしん）の分類（ぶんるい）]

大名（だいみょう）	親藩（しんぱん）	徳川氏（とくがわし）の一族（いちぞく）
	譜代（ふだい）	関ヶ原（せきがはら）の戦い以前（いぜん）からの家臣（かしん）
	外様（とざま）	関ヶ原（せきがはら）の戦い以降（いこう）の家臣（かしん）
幕府（ばくふ）の家臣（かしん）	旗本（はたもと）	将軍（しょうぐん）に面会（めんかい）できる
	御家人（ごけにん）	将軍（しょうぐん）に面会（めんかい）できない

幕府（ばくふ）は反乱（はんらん）が起（お）きないように、関所（せきしょ）を置（お）いて監視（かんし）していた

飛脚は江戸（東京）から京都までの距離を何日で移動できたの？

ヒント 徒歩だと2週間ほどかかるよ。

わずか３〜４日とされています。

解説

飛脚とは、手紙や貨物、金銭などを配達する運送業者です。江戸時代には、街道が整備されたことで、飛脚の制度が発達しました。各宿場に飛脚が置かれ、リレー形式で荷物を届けます。**幕府の公的な文書を入れた御用箱は、江戸から京都までを飛脚が３〜４日で走って届けたといわれています。**

［江戸と大阪を結ぶ街道と航路］

五街道…江戸時代に整備された、東海道、中山道、甲州道中、日光道中、奥州道中の５つの街道。江戸の日本橋を起点とした。大名が参勤交代をするために、交通網が整備された。

東海道五十三次…歌川広重によってえがかれた浮世絵。化政文化のころの作品。

東海道中膝栗毛…十返舎一九によって書かれた滑稽本（小説の一つ）。東海道を旅する様子が、笑いを交えて記された。化政文化のころの作品。

［東海道五十三次 日本橋］

飛脚は、現在の宅配便のルーツになった

岩倉使節団はどのくらいの期間、欧米で視察を行ったの？

ヒント 12の国をめぐって視察したよ。

1年10か月間の視察旅行でした。

解説

岩倉使節団には、岩倉具視を代表に、木戸孝允、大久保利通、伊藤博文らが参加しました。ヨーロッパ諸国やアメリカ合衆国など12か国を視察しました。

使節団の当初の目的は不平等条約の改正でしたが、日本の近代化の遅れから達成できず、各国の制度や産業、文化を学びました。いっぽう、国内に残った西郷隆盛らの間では、征韓論が高まりました。

［岩倉使節団のルート］

出発 1871 (明治4).11.12
帰国 1873 (明治6).9.13
①～⑪ は
おもな訪問地

北極　横浜　長崎
太平洋
サンフランシスコ　上海　香港　サイゴン　シンガポール
ストックホルム
①ワシントン　⑧コペンハーゲン　⑨サンクトペテルブルク
ボストン　⑦ベルリン　⑥ウィーン
ロンドン　③　②パリ　④　⑤ローマ
大西洋　マルセイユ　⑩　ポートサイド　アデン　インド洋
ゴール

....

岩倉使節団…1871年11月から1873年9月、欧米諸国へ派遣された。もともとは、不平等条約の改正交渉を目的としていた。

不平等条約…条約を結んだ国の関係が対等でなく、一国に不利な内容となっている条約。1858年に結ばれた日米修好通商条約は、日本に関税自主権がなく、相手国に領事裁判権を認めた不平等な内容だった。

征韓論…武力で朝鮮に開国をせまろうとする議論。武士の不満をそらすために、西郷隆盛や板垣退助らが主張していた。

［政府内での対立］

岩倉使節団側	対立	留守政府側
国内政治の優先を主張する		朝鮮の開国を求める　不平士族の不満をそらす
岩倉具視　大久保利通　木戸孝允		西郷隆盛　江藤新平　板垣退助

岩倉使節団に参加した人々は、帰国後、日本の近代化を推し進めた

戦争って どうして起きるの？

ヒント 理由は一つではないよ。

戦争ってどうして起きるの？

思想のちがいや 資源・権力のうばい合いを
きっかけに、問題が組み合わさるからです。

解説

戦争が起きる理由はさまざまです。一つめの理由は「民族」間の争い、二つめの理由は「宗教」間の争い、三つめの理由は「資源」をめぐる争い、四つめの理由は「政治」をめぐる争い、五つめの理由は「領土」をめぐる争いです。戦争では、いくつかの理由が絡み合うことがほとんどです。これらの理由の元には、差別、貧困、権利の抑圧などの問題があります。

[おもな紛争・対立のある地域]

- 国連平和維持活動が行われている国・地域
× その他紛争・対立のある国・地域

〈データブック　オブ・ザ・ワールド〉

民族…言語や人種、文化、歴史などを共有する、同族意識をもつ人々のこと。一つの国に複数の民族が暮らすこともある。また、ある民族よりも前に住んでいた民族を先住民族という。

難民…戦争や差別など、何らかの理由で居場所を追われた人々。難民をどのように保護し、受け入れるかは国際的な課題である。

PKO…国連平和維持活動。紛争が起こった地域で、停戦や治安維持、選挙の管理などを行う。

[世界の難民の推移]

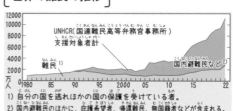

UNHCR（国連難民高等弁務官事務所）
支援対象者計

難民 1)

国内避難民など 2)

1) 自分の国を逃れほかの国の保護を受けている者。
2) 国内避難民のほかに、庇護希望者、帰還難民、無国籍者などが含まれる。

〈2023/24 年版「世界国勢図会」〉

日本の皇室ってどうやってできたの？

ヒント おどろくほど昔にさかのぼるよ。

古い書物によると「神話」が現在の皇室につながっているとされています。

解説

日本の皇室の歴史は、奈良時代に編さんされた「古事記」と「日本書紀」に記されています。日本の初代天皇は紀元前660年に即位したといわれる神武天皇です。**神話の時代から数えると、日本の皇室は2000年以上の歴史があり、世界最長です。**古代には、天皇は大王とよばれており、「天皇」の称号が使われはじめたのは、推古天皇のころだといわれています。

奈良時代の書物

書名	内容
古事記	日本最古の歴史書
日本書紀	舎人親王らが編さん
風土記	出雲など各地の地誌

古事記…712年に完成した、日本最古の歴史書。稗田阿礼がよみ、太安万侶が記録した。

日本書紀…720年に完成した。舎人親王らが編さんし、神武天皇から持統天皇までの歴史が書かれている。

天皇…日本の古代からの血統を受けつぐ君主の称号。日本国憲法第1条では、「日本国および日本国民統合の象徴」とされており、政治についての権限をもたず、内閣の助言と承認のもと、国事行為のみを行う。2024年7月現在は第126代天皇である。

日本国憲法

第1条　天皇は、日本国の象徴であり日本国民統合の象徴であって、この地位は、主権の存する日本国民の総意に基く。

大日本帝国憲法のころには、天皇が主権をもっていたよ。日本国憲法とどうちがうかな？

元寇のあと、竹崎季長という御家人が、戦いの様子を絵師にえがかせたのはどうして？

ヒント　絵を、何かに使おうとしたんだね。

元寇のあと、竹崎季長という御家人が、戦いの様子を絵師にえがかせたのはどうして？

自分の活躍を幕府や後世に伝えるためとされています。

解説

竹崎季長は、肥後国（現在の熊本県）の御家人で、「蒙古襲来絵詞」に元寇のときの自分の活躍をえがかせました。

御家人は元寇で多くの費用を使って戦いに参加しましたが、ほとんどは恩賞をもらうことができませんでした。そのため、竹崎季長は、自分の戦いぶりを幕府や後世に伝えようとして絵師に頼んだと考えられています。

[蒙古襲来絵詞]

御家人…鎌倉時代に将軍と主従関係を結んだ武士。将軍とは、御恩と奉公の関係で結ばれていた。御家人は領地の分割相続を繰り返したことで、次第に生活が苦しくなっていった。

蒙古襲来絵詞…肥後国（現在の熊本県）の御家人である竹崎季長が、元寇（文永の役・弘安の役）での自分の活躍を伝えるためにえがかせた絵巻物。火薬の武器である「てつはう」などが使用されたことが残されている。国宝・重要文化財に指定されている。

[てつはう]

〈朝日新聞社／サイネットフォト〉

　竹崎季長は、幕府に自分の活躍を伝えて、地頭に任命された

ロボットが働く現場はどんなところが多いの？

ヒント　みんなの身近にもロボットが増えているはずだよ。

答え

問 ロボットが働く現場はどんなところが多いの？

単純作業や腕力が必要な作業、生身の人間では危険な作業を行う現場などで活躍しています。

解説

たとえば、自動車工場のプレスや溶接といった作業には危険がともなうので、多くの産業ロボットが活躍しています。**産業用ロボットを使うことによって、作業スピードが速くなり、効率よく、安定して製品をつくることができます。また、工場の人材不足解消にもつながります。**近年では、産業用ロボットに**人工知能（AI）**を使うための研究が進められています。

```
┌─ 自動車ができるまで ─┐
│ ①プレス          │
│ ②溶接           │
│ ③塗装           │
│ ④組み立て        │
│ ⑤検査           │
│ ⑥出荷           │
└──────────────┘
```

- -

産業用ロボット…工場などで、人間に代わって、運搬や組み立て、溶接、塗装などさまざまな作業を行うロボット。単純な作業を、早く正確に行うことができる。

人工知能（AI）…学習や推論、判断など、人間に近い知能を持つコンピューターシステム。工業や医療、情報処理、農業など、さまざまな分野でAIが活用されている。大量に蓄積されたデータを集め、分析することによって、AIの精度が向上しつつある。

チャットGPTは、AIを使った会話システムだよ。

AIが搭載された家電のことをAI家電という

オリンピック・パラリンピックは何のために行われるの？

ヒント 順位を決めることだけがゴールじゃないよ。

オリンピック・パラリンピックは何のために行われるの？

スポーツを通した人間育成と世界平和を目的に行われます。

解説

オリンピック・パラリンピックは、4年に一度開催される世界的なスポーツの祭典です。**スポーツを通した人間育成と世界平和を目的としています。**
フランスのクーベルタン男爵が提唱して、**古代ギリシャ**で行われていたオリンピックを復興し、1896年ギリシャ・アテネで第1回大会が開催されました。夏の大会と冬の大会が行われます。

東京オリンピック（2021年）のメインスタジアムとなった国立競技場

〈サイネットフォト〉

[オリンピック・パラリンピック開催予定地]

2024年	夏	パリ
2026年	冬	ミラノ・コルティナダンペッツォ
2028年	夏	ロサンゼルス

オリンピック…4年に一度開催されるスポーツの祭典。日本では、1964年と2021年に東京で夏季オリンピックが、1972年に札幌、1998年に長野で冬季オリンピックが開かれた。

パラリンピック…障がい者を対象としたスポーツの祭典で、オリンピックの開催後、同会場で行われる。

古代ギリシャ…紀元前8世紀ごろ、ギリシャなど地中海東部に都市国家が生まれ、文明が発達した。有力な都市国家であるアテネでは、民主政が行われていた。

古代ギリシャではオリンピック期間中に戦争をしなかったことから、平和の祭典となった

「万博」って何？

ヒント ○○博覧会だよ。

答え

問
「万博」って何？

万国博覧会のことです。

解説

万国博覧会とは、公衆の教育を目的として、世界各国の最先端の技術や文物が集められ、展示される場です。

第1回万国博覧会は、1851年にロンドンで開催され、第4回のパリ万博ではエッフェル塔が建設されました。日本では、1970年の大阪万国博覧会に引き続き、2025年に再び大阪で、大阪・関西万国博覧会が開催されます。

［太陽の塔］

〈サイネットフォト〉

万国博覧会…1851年、第1回万国博覧会は、イギリスのロンドンで開催された。1867年のパリ万博には渋沢栄一らが参加しており、さまざまな影響を受けて帰国している。近代的な博覧会の起源は、1761年にイギリスのロンドンで開催された産業博覧会である。以降、さまざまな国で産業博覧会が開催され、現在の万博の形式になったとされる。

渋沢栄一…明治時代の実業家。第一国立銀行を設立して銀行制度を整え、500以上の株式会社の設立にかかわった。

［渋沢栄一］

〈国立国会図書館〉

万国博覧会では、国の威信をかけて、最先端の技術が発表されるんだね。

問題04

ガソリンの値段は
なぜ上がったり
下がったりするの？

ヒント　何かと何かのバランスが関係するよ。

問 ガソリンの値段はなぜ上がったり下がったりするの？

ものの値段は、

売りたい量（供給量）と
買いたい量（需要量）の
バランスで決まっているからです。

解説

商品の値段は、供給量と需要量によって変化します。**需要が供給を上回れば、値段は上がり、供給が需要を上回れば、値段は下がります。**
また、世界経済の変動や産油国の政情、新たな技術開発によってもガソリンの値段は変わります。産油国の一部は、OPEC（石油輸出国機構）をつくり、価格や生産量を決めています。

[需要と供給]

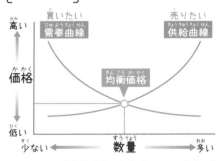

市場価格…需要と供給の関係によって決まる。需要量と供給量が一致した価格を、均衡価格という。

OPEC…石油輸出国機構。産油国の利益を守るために、1960年に結成された。西アジアやアフリカなど、12か国が加盟している。OPECは、原油の価格や生産量を決めている。

シェールオイル…これまでの油田よりも深い地層（シェール層）から採掘される。近年、アメリカ合衆国を中心として採掘がさかん。

[原油生産国割合]

その他 45.6
アメリカ 18.9%
サウジアラビア 12.9
ロシア 11.9
イラク 4.8　カナダ 5.9
（2022年）
〈2023/24年版「世界国勢図会」〉

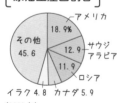

欲しい人がたくさんいると、商品の価格はどうなるのかな？

「円安」「円高」って何？

ヒント 「安い」「高い」ということは……？

円の価値が上がることを「円高」、円の価値が下がることを「円安」といいます。

解説

円の相対的な価値を表したものが、円高・円安です。「円高」になると、円の価値が上がるので、輸入しやすくなります。それまでよりも安く外国の品物やサービスを購入できるからです。

いっぽうで、「円安」になると、円の価値が下がるので、輸出しやすくなります。それまでよりも安く日本の商品を外国に提供できるからです。

[海外で5万ドルの車を売る場合]

円高	円高	円安
1ドル80円のとき	1ドル100円のとき	1ドル120円のとき
400万円の売上	500万円の売上	600万円の売上

円高…外国為替相場において、外国の通貨よりも円の価値が高いこと。外国の製品を安く輸入でき、海外旅行がしやすくなるいっぽうで、日本の製品が海外に輸出しにくくなる。

円安…外国為替相場において、外国の通貨よりも円の価値が安くなること。日本の製品が海外に輸出しやすくなり、外国人観光客が増えるいっぽうで、輸入価格が高くなり、生活必需品が値上がることがある。

外国為替相場…異なる2つの通貨の交換比率のこと。

[日本の輸出入額の推移]

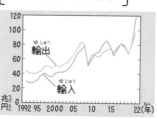

輸出
輸入

兆円

1992 95 2000 05 10 15 22(年)

〈2023/24年版「日本国勢図会」〉

外国為替相場は、貿易に大きな影響をあたえている

赤十字社は、イスラム教の国では何とよばれているの？

問 とい

赤十字社は、イスラム教の国では何とよばれているの？
せきじゅうじしゃ きょう くに なん

「十字」がキリスト教のシンボル
じゅうじ きょう

であることから、イスラム教のシンボルで

ある月をイメージした「赤新月社」と
つき せきしんげつしゃ

よばれています。

解説
かいせつ

赤十字社とは、戦争中に敵や見
せきじゅうじしゃ せんそうちゅう てき み

方の区別なく、患者を救護する
かた くべつ かんじゃ きゅうご

目的で設立され、世界150か国
もくてき せつりつ せかい こく

以上に設置されています。
いじょう せっち

[さまざまな赤十字マーク]
せきじゅうじ

赤十字　　赤新月　　レッドクリスタル
せきじゅうじ　せきしんげつ　〈サイネットフォト〉

イスラム教の国々では、「十字」がキリスト教のシンボルである
きょう くにぐに じゅうじ きょう

ことから、赤い三日月（赤新月）を使用しています。また、2007
あか みかづき せきしんげつ しよう

年からは、宗教を連想させない「レッドクリスタル」が新たな標
ねん しゅうきょう れんそう あら ひょう

章として追加されました。
しょう ついか

．．．

赤十字社…戦争中に、敵や味方の区別なく患者を救護するために設立された組織。
せきじゅうじしゃ せんそうちゅう てき みかた くべつ かんじゃ きゅうご せつりつ そしき

現在は、戦時でなくても病院を経営したり、衛生思想を普及したりする
げんざい せんじ びょういん けいえい えいせいしそう ふきゅう

など、社会活動を行っている。
しゃかいかつどう おこな

イスラム教…7世紀はじめ、アラビア半島で
きょう せいき はんとう

生まれたムハンマドが唯一神
ゆいいつしん

アッラーの預言を受けてはじめ
よげん う

た宗教。西アジアや東南アジア、
しゅうきょう にし とうなん

アフリカなどに広く分布してい
ひろ ぶんぷ

る。聖地メッカに向かって行う
せいち む おこな

1日5回の礼拝や、豚肉を食べ
にち かい れいはい ぶたにく た

ない、女性の肌や髪を見せない
じょせい はだ かみ み

など、規定が定められている。
きてい さだ

赤十字や赤新月は、紛争や災害のときの社会活動のシンボルでもある
せきじゅうじ あかしんげつ ふんそう さいがい しゃかいかつどう

日本国憲法にあって大日本帝国憲法にはない、国民の「義務と権利」って？

ヒント　みんなにも関係があるよ。

問
とい
日本国憲法にあって大日本帝国憲法にはない、国民の「義務と権利」って？

「教育」を受ける権利と、
「教育」を受けさせる義務です。

解説
かいせつ

日本国憲法において、国民の義務であり権利として認められているのは「教育」です。
大日本帝国憲法では兵役と納税の義務が、日本国憲法では勤労、納税、教育を受けさせる義務が定められています。1890年の「教育に関する勅語（教育勅語）」には教育の大切さが天皇の言葉として示されました。

[日本国憲法]

第26条
① すべて国民は、法律の定めるところにより、その能力に応じて、ひとしく教育を受ける権利を有する。
② すべて国民は、法律の定めるところにより、その保護する子女に普通教育を受けさせる義務を負う。義務教育は、これを無償とする。

....

大日本帝国憲法…1889年2月11日公布。天皇が主権をもつ。国民の権利は、法律によって制限された。

日本国憲法…1946年11月3日公布、1947年5月3日施行。国民主権、平和主義、基本的人権の尊重を基本原理とする。

教育勅語…1890年に出された、天皇制国家の思想や教育理念について記された内容のもの。日中戦争や太平洋戦争時には神聖化されたため、戦後に失効した。

[大日本帝国憲法と日本国憲法のちがい]

大日本帝国憲法		日本国憲法
天皇が定めた	形式	国民が定めた
天皇	主権	国民
法律によって制限	人権	基本的人権の尊重
天皇に統帥権	軍	戦争を放棄

大日本帝国憲法と日本国憲法の内容を比べてみよう！

戦後、岸信介内閣が日米安全保障条約の改定をしたときに起こった反対運動って？

ヒント 〇〇〇（ひらがな3文字）闘争だよ。

せんご　きしのぶすけないかく　にちべいあんぜんほしょうじょうやく　かいてい　はんたいうんどう
戦後、岸信介内閣が日米安全保障条約の改定をしたときに起こった反対運動って？

「アメリカの戦争に日本が 巻きこまれる」と考える人が 「安保闘争」という 反対運動を起こしました。

解説 かいせつ

1960年の日米安全保障条約改定に対する反対運動を、「安保闘争」といいます。

日米安全保障条約では、米軍が日本に駐留することを認めていました。

当時は、**冷たい戦争（冷戦）**によって2つの陣営に分断されており、条約を改定すると、日本を基地としたアメリカの戦争に日本が巻きこまれると考える人がいました。1960年、条約の改定を衆議院で強行採決すると、大規模なデモに発展しました。

日米安全保障条約（改定）

第6条　日本国の安全に寄与し、並びに極東における国際の平和及び安全の維持に寄与するため、アメリカ合衆国は、その陸軍、空軍及び海軍が日本国において施設及び区域を使用することを許される。…（以下略）

日米安全保障条約…1951年、サンフランシスコ平和条約とともに結ばれた。アメリカ軍が日本に駐留することが認められた。

安保闘争…1960年ごろ、日米安全保障条約の改定に対して起こった反対運動。

冷たい戦争（冷戦）…第二次世界大戦後、アメリカを中心とする資本主義の西側と、ソ連を中心とする社会主義の東側に分かれて対立した。実際の戦争に至らなかったことから、冷たい戦争とよばれた。

第二次世界大戦後の世界（1959年）

□アメリカとその同盟国　□中立国（1955年まで）
□ソ連とその同盟国　□非独立国・地域

冷たい戦争によってドイツや韓国、ベトナムは国が2つに分断された

日本の社会保障制度の4つの柱のうち、感染症対策はどの柱の内容？

ヒント ①社会保険 ②社会福祉 ③公的扶助 ④保険医療・公衆衛生のどれかな？

問
とい

日本の社会保障制度の4つの柱のうち、感染症対策はどの柱の内容？

④の保健医療・公衆衛生です。
ほ けん い りょう   こう しゅう えい せい

解説
かい せつ

①の**社会保険**には、年金保険、医療保険、雇用保険、労災保険、介護保険があります。
しゃかい ほ けん ねんきん ほ けん い りょう ほ けん こ よう ほ けん ろうさい ほ けん かい ご ほ けん

②の**社会福祉**には児童福祉、母子・父子・寡婦福祉、高齢者福祉、障がい者福祉があります。
しゃかいふく し じ どうふく し ぼ し ふ し か ふ ふく し こうれいしゃふく し しょう しゃふく し

③の**公的扶助**には、生活保護があります。
こうてき ふ じょ せいかつ ほ ご

④の**保健医療・公衆衛生**には、予防接種、公害対策、感染症対策、上下水道整備などがあります。
ほ けん い りょう こうしゅうえいせい よ ぼうせっしゅ こうがいたいさく かんせんしょうたいさく じょう げ すいどうせい び

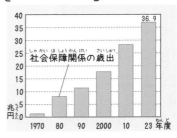

社会保障関係の歳出の推移
しゃかい ほ しょうかんけい さいしゅつ すい い

社会保障関係の歳出
しゃかい ほ しょうかんけい さいしゅつ

36.9

兆円
ちょうえん

1970 80 90 2000 10 23 年度
ねん ど

- -

社会保障…病気や介護、失業などで生活が苦しくなった場合に、国が生活を保障する制度。社会保障は、日本国憲法第25条で保障されている生存権にもとづいている。近年、高齢化が進むとともに社会保障関係費が増えている。
しゃかい ほ しょう びょう き かい ご しつぎょう せいかつ くる ば あい くに せいかつ ほ しょう せい ど しゃかい ほ しょう に ほんこくけんぽうだい じょう ほ しょう せいぞんけん きんねん こうれい か しゃかい ほ しょうかんけい ひ

社会保険…国民が支払った保険料を財源として、必要な人に給付する制度。年金保険では、働く世代が支払った保険料を、高齢者世代の給付金としているので、高齢化にともなって、働く世代の負担が重くなっている。
しゃかい ほ けん こくみん し はら ほ けんりょう ざいげん ひつよう ひと きゅう ふ せい ど ねんきん ほ けん はたら せ だい し はら ほ けんりょう こうれいしゃ せ だい きゅう ふ きん こうれい か はたら せ だい ふ たん おも

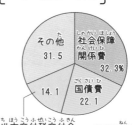

日本の歳出の割合
に ほん さいしゅつ わりあい

その他 31.5
た

社会保障関係費 32.3%
しゃかい ほ しょうかんけい ひ

国債費 22.1
こくさい ひ

地方交付税交付金 14.1 （2023年）
ち ほうこうふぜいこうふきん ねん

〈2023/24年版「日本国勢図会」〉
ねんばん に ほんこくせいず え

社会保障にかかる費用は年々増えている
しゃかい ほ しょう ひ よう ねんねん ふ

国際・政治

中学受験

問題 10

40歳以上の国民が支払う保険料と公費で、高齢者に必要な介護を行うサービスは何？

ヒント ○○○○○○（ひらがな6文字）制度だよ。

40歳以上の国民が支払う保険料と公費で、高齢者に必要な介護を行うサービスは何？

「介護保険制度」といいます。

解説

2000年に施行された**介護保険法に**
もとづいて、将来介護が必要となっ
たときに、高齢者などへ介護サービ
スや支援を提供する制度です。
市町村から「介護が必要」「支援が
必要」と認定されると、40歳以上
の人が必要なサービスを受けられま
す。また、介護保険制度とともに、
後期高齢者医療制度を導入し、少子高齢化へ対応しています。

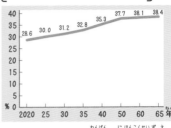

［人口のうちの高齢者の割合］

28.6　30.0　31.2　32.8　35.3　37.7　38.1　38.4

40
35
30
25
20
15
10
5
%　2020　25　30　35　40　50　60　65年

〈2023/24年版「日本国勢図会」〉

介護保険…満40歳以上の国民に対して加入を義務づ
けた、将来、介護が必要となったときに、
介護サービスや支援を提供するための制度。
40歳以上の国民が支払う保険料と公費を財
源としている。

後期高齢者医療制度…75歳以上の後期高齢者と一定の
障がいがあると認められた65
歳以上74歳以下の高齢者が加
入する保険制度。国民全体の医
療費のうち、後期高齢者医療費
が占める割合は、約4割となっている。

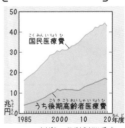

［国民医療費の推移］

50
40
30
20
10
兆
円

国民医療費

うち後期高齢者医療費

1985　2000　10　20年度

〈2023/24年版「日本国勢図会」〉

高齢化が進んでいるからこそ、さまざまな対策となる制度がつくられている

意味つき索引

さ行

ため池 ……62
人工的につくられた池。日本最大のため池は、香川県にある満濃池

地形図 ……100
土地の様子を表した地図。2万5000分の1や5万分の1など、さまざまな縮尺の地形図がつくられている。縮尺は実際の距離を縮めた割合で、縮尺の分母の数が小さいほど、よりくわしい地図になる

地球温暖化 ……56
温室効果ガスの排出などによって、地球全体の気温が少しずつ上昇する現象。地球温暖化が進むと、海水面が上昇し、雨が多くなるなど、さまざまな影響があると考えられている

地球儀 ……68
地球の形、面積、方位、距離などを正確に表した立体の模型。一度にすべての面を見ることはできない

注意報・警報 ……70
大雨や強風、洪水、高潮、地すべりなどによって被害が予想されることを伝える

通信販売 ……52
カタログやはがき、新聞の広告、インターネットなどに商品を掲載し、電話やメールなどで注文を受け付け、郵便や宅配便などで商品を届ける

津波 ……92
地震によって発生する高い波。海岸に近づくにつれて高くなり、大きな被害が発生することがある

冷たい戦争（冷戦） ……180
第二次世界大戦後、アメリカを中心とする資本主義の西側と、ロシアを中心とする社会主義の東側に分かれて対立した。実際の戦争に至らなかったことから、冷たい戦争とよばれた

鉄道 ……42
線路上を走る、人や物を運ぶための交通機関。日本最初の鉄道は、1872年に新橋・横浜間で開通した。現在の日本の鉄道は、JRや私鉄のほか、新幹線によって日本各地が結ばれている

鉄砲 ……150
1543年、種子島に漂着した中国船に乗っていたポルトガル人によって伝来した。堺や国友などで生産された

天気予報 ……70
各地域で予想される未来の天気の情報を、テレビやラジオ、新聞、インターネットなどで伝えること。天気や降水確率、最低気温・最高気温、各種注意報、警報などが伝えられる

電気自動車 ……46
バッテリーが載っていて、電気でモーターを回して走る車。地球温暖化の原因となる二酸化炭素などを排出しないため、環境に優しい

天皇 ……162
日本の古代からの血統を受けつぐ君主の称号。日本国憲法第1条では、「日本国および日本国民統合の象徴」とされており、政治についての権限をもたず、内閣の助言と承認のもと、国事行為のみを行う

東海道五十三次 ……156
歌川広重によってえがかれた浮世絵。化政文化のころの作品

東海道中膝栗毛 ……156
十返舎一九によって書かれた滑稽本（小説の一つ）。東海道を旅する様子が、笑いを交えて記された。化政文化のころの作品

東京大都市圏 ……88
東京を中心に広がる大都市圏。日本の人口の約4分の1が集中している

等高線 ……100
地形図上に引かれている、同じ標高の地点を結んだ線。土地の高さや起伏を表している

陶磁器 ……98
陶器や磁器などのこと。岐阜県の美濃焼や愛知県の常滑焼などは伝統的工芸品に指定されている

徳川家康 ……152
三河国出身の戦国大名。清州同盟で織田信長と手を結んで勢力を拡大し、1575年には長篠の戦いで武田氏を破る。1600年、関ヶ原の戦いに勝利して江戸幕府初代将軍となった

徳川四天王 ……152
徳川家康に重要な役目をあたえられた、酒井忠次、本田忠勝、榊原康政、井伊直政の4人の側近のこと

特別警報 ……70
もっとも重大な被害が予想されるときに出される警報のこと

外様大名 ……154
関ヶ原の戦い以降に徳川氏に従った大名

都市計画 ……42
都市の将来の姿を想像して、計画を立てて建設・整備を行うこと

都市鉱山 ……112
廃棄された家電製品などに使われているレアメタルを再生可能な資源とし、これらの家電製品が集まる都市を鉱山に見立てたもの

とる漁業 ……106
沿岸漁業、沖合漁業、遠洋漁業のこと

トンネル ……78
山や地中をほって空洞にして、その空間を利用するもの。道路や鉄道の交通路となる

【著者紹介】

深谷　圭助 （ふかや・けいすけ）

◉——1965年生まれ。愛知教育大学教育学部小学校課程社会科卒業、名古屋大学大学院教育発達科学研究科博士後期課程修了。博士（教育学、名古屋大学）。1989年より公立小学校、中学校教員を経て、2005年に立命館小学校設置準備室室長補佐、2006年同校教頭、2008年より同校校長。現在は、中部大学大学院教授。同現代教育学研究所所長。元ロンドン大学アジア・アフリカ研究学院客員研究員、非営利活動法人こども・ことば研究所理事長。

◉——公立小学校教員時代に故有田和正氏に師事し、1994年に言葉の力と学び方、学ぶ意欲を小学校低学年から圧倒的に伸ばす「辞書引き学習法」を考案。1999年、愛知県教育研究論文最優秀賞（個人研究）を受賞。『7歳から「辞書」を引いて頭をきたえる』（すばる舎）がベストセラーとなり、画期的な学習法として話題となった。2010年からは海外における「辞書引き学習」の展開をスタートし、2024年現在、イギリス、シンガポール、インドに辞書引き学習拠点校がある。

◉——その後、小学館の『例解学習国語辞典』同『例解学習漢字辞典』編集代表や、ベネッセコーポレーション辞典企画アドバイザー、三省堂中学校国語教科書編集協力者等を務め、言葉の教育の専門家として活躍する一方、2021年には『中学 自由自在 社会』（増進堂・受験研究社）の監修を務めるなど、社会科教育にも精通する。

◉——著書は、ロングセラーとなった『小学校6年生までに必要な語彙力が1冊でしっかり身につく本』（かんき出版）など多数。

明日を変える。未来が変わる。

マイナス60度にもなる環境を生き抜くために、たくさんの力を蓄えているペンギン。
マナPenくんは、知識と知恵を蓄え、自らのペンの力で未来を切り拓く皆さんを応援します。

小学社会のなぜ？が1冊でしっかりわかる本

2024年7月29日　　第1刷発行

著　者——深谷　圭助
発行者——齊藤　龍男
発行所——株式会社かんき出版
　　　　　東京都千代田区麹町4-1-4 西脇ビル　〒102-0083
　　　　　電話　営業部：03(3262)8011㈹　編集部：03(3262)8012㈹
　　　　　FAX　03(3234)4421　　　　　振替　00100-2-62304
　　　　　https://kanki-pub.co.jp/
印刷所——シナノ書籍印刷株式会社